Michael Harvey
Ich glaub, ich lad ein
Vom erstaunlichen Potenzial der Gemeinde

Michael Harvey

Ich glaub, ich lad ein

Vom erstaunlichen Potenzial der Gemeinde

mit einem Geleitwort von Bischof Dr. Heinrich Bedford-Strohm, Vorsitzender des Rates der EKD

Herausgegeben von Hans-Hermann Pompe und Michael Wolf

Übersetzung: Tanja Fußy und Michael Wolf

Titel der englischen Originalausgabe: Unlocking the Growth
Copyright © 2012 Michael Harvey and Rebecca Paveley. Original edition published in English under the title Unlocking the Growth by Lion Hudson IP Ltd, Oxford, England.
This edition copyright © 2012 Lion Hudson IP Ltd.

Die Bibelverse sind folgender Übersetzung entnommen: Lutherbibel, revidiert 2017, © 2016 Deutsche Bibelgesellschaft, Stuttgart.

Bibliografische Information der Deutschen Nationalbibliothek:
Die Deutsche Nationalbibliothek verzeichnet diese Publikation in der Deutschen Nationalbibliografie; detaillierte bibliografische Daten sind im Internet über http://dnb.d-nb.de abrufbar.

© 2017 Neukirchener Verlagsgesellschaft mbH, Neukirchen-Vluyn
Alle Rechte vorbehalten
Umschlaggestaltung: Grafikbüro Sonnhüter, www.sonnhueter.com, unter Verwendung eines Bildes von © Alexandr III (shutterstock.com)
DTP: Breklumer Print-Service, www.breklumer-print-service.com
Verwendete Schrift: Myriad Pro, Chapparal Pro
Gesamtherstellung: Finidr, s.r.o.
Printed in Czech Republic
ISBN 978-3-7615-6462-2 Print
ISBN 978-3-7615-6463-9 E-Book

www.neukirchener-verlage.de

Inhalt

Neu für den Gottesdienst interessieren und begeistern.
Geleitwort von Heinrich Bedford-Strohm 7

Vorwort des Autors 9

Kapitel 1 11
    Kommst du mit?

Kapitel 2 21
    Gründe, warum wir unsere Freunde nicht einladen

KAPITEL 3 43
    Wie einladend sind Sie?

KAPITEL 4 53
    In 12 Schritten zur einladenden Gemeinde

Kapitel 5 83
    Die Gründe, weshalb Leute nicht wieder kommen

Kapitel 6 89
    Die sieben Sätze, die Innovation verhindern

Kapitel 7 95
   Sich die Niederlage zum Freund machen

Kapitel 8 107
   Unsere Bremsen lösen

Kapitel 9 121
   Zehn Tipps zum Dranbleiben

Schlussfolgerung 135
   Einladung zu etwas Selbstverständlichem machen:
   Ein Feuer entfachen, das nicht aufzuhalten ist

Anhang 1 159
   Auswertung – Ein Lernprogramm in 12 Schritten

Anhang 2 161
   „Back-to-Church"-Sonntag – Perspektiven aus aller Welt

Nachwort der Herausgeber 169
   Der Gottesdienst, die Neugierigen und das Einladen:
   Ein Projekt springt nach Deutschland über

Neu für den Gottesdienst interessieren und begeistern. Geleitwort des Ratsvorsitzenden der Evangelischen Kirche in Deutschland (EKD), Landesbischof Dr. Heinrich Bedford-Strohm

Für den Katholiken gilt die Sonntagspflicht. Protestanten haben dafür immer einen leichten Spott übrig und die Bemerkung, so eng würde man es selbst nicht sehen. Entscheidend für den Glauben sei schließlich nicht der Kirchgang und Gott ließe sich schließlich überall finden. Es stimmt natürlich: Der Gottesdienst kann nicht verordnet werden im Sinne einer Zwangsbeglückung. Und doch verbirgt sich hinter der Aufforderung zum Kirchgang das tiefe Wissen von der Bedeutung des Gottesdienstes für das Leben jedes Einzelnen.

Denn im Gottesdienst kommt das Leben in seiner ganzen Fülle zur Sprache: die Freude und das Glück, Scheitern und Leid, Schuld und Vergebung, Dankbarkeit. Gott kommt uns Menschen nahe, und im Gottesdienst können wir dies erleben. Im gemeinsamen Singen, im Beten, in den biblischen Lesungen, der Predigt und schließlich im Segen, der großen Zusage Gottes, über den Augenblick hinaus da zu sein. So verstanden, ist der Gottesdienst ein riesiges Geschenk und ein Schatz.

Nun gibt es tausend Gründe, nicht oder nicht mehr in den Gottesdienst zu gehen: Vielleicht eine ärgerliche Predigt zu viel. Die mahnenden Blicke der Banknachbarn, die sich durch den mitgebrachten Sohnemann gestört fühlten. Oder schlicht der Eindruck, nicht zu wissen, was hier gespielt wird. Die Worte – unvertraut, der Ablauf – fremd. Und niemand, der einen an der Hand nehmen würde, um die Schwelle zu überwinden.

Seit Langem trage ich in mir die Idee, dass es doch möglich sein müsste, Menschen neu für den Gottesdienst zu interessieren oder sogar zu begeistern, durch bestimmte Formate, die sich besonders für diejenigen eignen, die grundsätzlich offen sind für den Gottesdienst, gleichzeitig aber innere Hemmungen haben, sich auf einen Gottesdienst einzulassen, weil sie nicht wirklich wissen, was sie erwartet. Oder solche, die sich einfach nicht trauen, dort einmal hinzugehen, weil sie noch nie dort waren und die Sorge haben, alles verkehrt zu machen.

Gleichzeitig gibt es Menschen, die selbst mit Freude in den Gottesdienst gehen, ihn als stärkend, tröstlich oder einfach erhebend empfinden. Vielleicht würden sie gerne einmal Bekannte, Verwandte oder Freunde mitnehmen wollen, wissen aber nicht recht, ob sie es wagen sollen und ob der Gottesdienst wirklich einladend auf die mitgebrachten Besucher wirken wird. Man müsste, so dachte ich mir, speziell für solche Situationen Gottesdienste anbieten, in denen manches erklärt wird, was dem gewohnten Gottesdienstbesucher längst vertraut ist. Man müsste in besonderer Weise ein Willkommen ausstrahlen, das ja eigentlich jedem Gottesdienstbesucher ohnehin gilt.

Diese Idee ging mir immer wieder durch den Kopf, bis ich gemerkt habe, dass andere diese Idee schon längst in die Wirklichkeit umgesetzt haben und sogar schon Erfahrungen sammeln konnten: Es ist die Bewegung, die sich „Back-to-Church-Sunday" nennt und aus England stammt.

Ich halte die Idee des „Back-to-Church"-Sonntages für eine Möglichkeit, den Gottesdienst neu für Menschen zu erschließen. Deswegen bin ich sehr dankbar dafür, dass in diesem Buch die Erfahrungen mit dieser Möglichkeit in England und hierzulande verarbeitet und reflektiert werden. Ich hoffe, es kann uns viele Anregungen dafür geben, dass der Gottesdienst als eines der meist unterschätzten Angebote der Kirche neues Interesse findet. Ich wünsche dem Buch deswegen viele Leserinnen und Leser!

Dr. Heinrich Bedford-Strohm
Landesbischof der Evangelisch-Lutherische Kirche in Bayern

Vorwort des Autors

Dieses Buch handelt davon, wie wir Wachstum in unseren Gemeinden freisetzen können, indem wir etwas Einfaches tun, was sogar Kinder können. Es geht schlicht darum, einen Freund einzuladen, mit zum Gottesdienst zu kommen.

Vielleicht tun Sie das ohnehin regelmäßig. Wenn dem so ist, dann könnten Sie jetzt aufhören zu lesen.

Wenn Sie aber einer von den Millionen Kirchgängern sind, die damit Schwierigkeiten haben, dann hoffe ich, dass dieses Buch Ihnen Selbstvertrauen gibt, es zu versuchen.

Als ich dieses Buch geschrieben habe, war ich schon seit acht Jahren am Projekt „Back-to-Church"-Sonntag beteiligt. Diese Initiative weiß von etwa 25.000 Menschen, die eine Einladung zum Gottesdienst angenommen haben. Für manche dieser Menschen war die Einladung das Ziel einer langen Reise. Für andere war es das erste Mal, dass sie einen normalen Gottesdienst besucht haben. Manche der Eingeladenen werden in der Gemeinde bleiben, andere werden nicht wieder kommen.

Wenn dieses Buch auch sonst nichts erreichen sollte, so hoffe ich zumindest, dass deutlich wird, dass wir den Erfolg nicht an der Anzahl der Menschen messen sollten, die in der Gemeinde bleiben, sondern an der Anzahl der Menschen, die wir tatsächlich einladen.

In der Geschichte der Kinder Israels, die aus Ägypten ausziehen, lassen diese einen Ort und eine Lebensweise zurück, die auf gewisse

Art sicher waren, zumindest im Gegensatz zu dem, was in der Wüste auf sie zukommen würde. Je länger sie auf ihrem Weg waren, desto attraktiver schien ihnen ihr altes Leben, auch wenn sie dort als Sklaven leben mussten. An vielen Stationen ihres Weges wollten sie zurück nach Ägypten gehen.

Auch wir können es uns mit unserem Lebensstil bequem machen, mit unseren Bankkonten, unseren Häusern und unseren Karrieren, sodass wir gar keine Veränderung wollen, auch wenn wir ein Leben führen, das unter unserem von Gott gegebenen Potenzial liegt. Auch wenn wir wissen, dass unser Leben nicht großartig ist, fühlen wir uns wohl, und für viele von uns ist es sehr schwierig, das Potenzial, das in uns steckt, freizusetzen.

So wie der Weg von Ägypten in das verheißene Land voller Schwierigkeiten war, so werden auch auf unserer persönlichen Reise Hindernisse im Weg sein, bis wir in der Lage sind, unser von Gott gegebenes Potenzial freizusetzen.

Wir werden uns tatsächlich oft danach sehnen, zur Bequemlichkeit und Sicherheit unseres früheren Lebens zurückzukehren.

Sind Sie bereit, mit mir aus Ihrer Komfortzone herauszutreten und es zu versuchen?

Kapitel 1

Kommst du mit?

Stuart wohnte noch zu Hause bei seinen Eltern. Er verbrachte seine Zeit mit Arbeiten und Kneipenbesuchen, aß das selbstgekochte Essen seiner Mutter und sah viel fern. Er hat nie über Gott nachgedacht.

Aber eines Tages kam eine junge Frau bei der Arbeit auf ihn zu und lud ihn zur Kirche ein. Er war von sich selber überrascht, als er ja sagte – vielleicht dachte er, dass sie ihn auf ein Date einlädt. Elsie holte ihn am Sonntagmorgen ab und nahm ihn zum Gottesdienst mit. Als sie ihn danach fragte, wie er den Gottesdienst fand, sagte er einfach „Okay". Er traf einige von Elsies Freunden und wurde in den darauffolgenden Wochen einige Male zum Essen eingeladen.

Er kam wieder, und dann wieder, und bekam schließlich von Elsie eine Bibel geschenkt. Stuart begann, Fragen zu stellen, von denen er – wie er später sagte – nicht einmal wusste, dass er sie in seinem Inneren trug. Stuart wurde ein aktives Mitglied dieser Kirchengemeinde. Jahre später sagte er, dass Elsies Einladung und die Gastfreundschaft ihrer Freunde einen gravierenden Unterschied für sein Leben gemacht haben. Man kann Stuart heute immer noch in der gleichen Gemeinde finden, zu der er vor Jahren eingeladen wurde.

Eine neuere Untersuchung der Wohltätigkeitsorganisation „Tearfund" fand heraus, dass es alleine in Großbritannien drei Millionen Menschen wie Stuart gibt (und viele weitere in den USA, Kanada, Australien, Neuseeland, ...), die in die Kirche gehen würden, wenn sie von einem Freund eingeladen werden.

Kennen Sie auch solch einen Menschen?

Sie denken vielleicht, Sie kennen so jemanden nicht, aber es ist sehr wahrscheinlich, dass es doch so ist. Es könnte ein Arbeitskollege sein, ein Elternteil an der Schule Ihres Kindes oder Ihre Nachbarin. Irgendjemand, der geradezu darauf wartet, dass Sie den Mut aufbringen, ihn zu fragen.

In den Jahren, in denen ich in vielen Kirchen über die Themen „Einladung" und „Willkommenskultur" gesprochen habe, hörte ich hunderte von persönlichen Geschichten, die mich überzeugt haben, dass Gott jeden Tag Menschen auf eine Einladung vorbereitet. Ich habe von Menschen gehört, die jeden Tag ihres Lebens an Kirchengebäuden vorbeilaufen und die neugierig sind auf das, was drinnen passiert, oder Menschen, in denen das Kirchengebäude Kindheitserinnerungen wachruft, aber sie trauen sich nicht hineinzugehen.

Wir sind uns sicher, dass Gott mit diesen Menschen spricht, und dennoch fehlt ihnen der Mut, in eine Kirche hineinzugehen. Vielleicht ist alles, was sie brauchen, nur eine freundliche Einladung von jemandem, den sie kennen.

Ich habe mich oft gefragt, wann genau es für Menschen außerhalb der Kirche schwierig geworden ist, die Türschwelle ihrer örtlichen Kirche zu überschreiten. Früher war die Kirche das Zentrum der Gemeinschaft. Heute hören wir Menschen sagen, dass sie sich heuchlerisch fühlen würden, wenn sie kommen würden. Dieser Selbst-Ausschluss wird durch ihre Freunde, die nicht in die Kirche gehen, bestärkt. Das Gefühl, „heuchlerisch" zu sein, kann durch eine einfache Einladung überwunden werden.

Ich habe sogar schon einmal einen Gebets- und Segnungsgottesdienst für die Schwelle einer Kirche empfohlen, um für die Angst auf beiden Seiten der Türschwelle zu beten.

Ein Einladungssonntag ist wirklich ein sehr seltsamer Auftrag. Es ist ein Auftrag für diejenigen, die schon zur Gemeinde gehören, nicht für die Außenstehenden. Unser Ziel ist es, durch Menschen, die bereits in der Kirche sind, diejenigen zu erreichen, die noch nicht dazugehören.

Das Schöne daran ist, dass es so einfach ist. Man muss kein Training absolvieren oder eine bestimmte Uniform tragen. Der Gedanke, dass man das Potenzial, das Gott in jeden einzelnen Menschen gelegt hat, durch diese einfachste aller Taten entfalten kann, ist unglaublich. In Lukas 10,1-16 schickt Jesus seine zweiundsiebzig Anhänger auf eine Mission und traut jedem Einzelnen von ihnen zu, dass er genau so ist, wie Gott ihn wollte. Als sie zurückkehren, berichten sie überrascht und begeistert von dem, was sie erlebt hatten.

Diese einfachen Männer sahen und spürten die Kraft des Reiches Gottes. Doch das Schönste an dieser Geschichte ist, dass Jesus sie gesandt hatte. Er wollte sie an dieser einfachen Art der Mission teilhaben lassen. Damit zeigt er uns, dass Mission nicht heißt, dass Gott alles alleine macht. Er hat natürlich den Weg für uns bereitet, doch wir haben auch unseren Teil beizutragen. Auf die gleiche Weise, wie Jesus damals die Zweiundsiebzig bat, vorauszugehen, so bittet Gott uns heute, unseren Teil zu seiner Arbeit in unserer Generation beizutragen. Unser Beitrag besteht darin, einfach einzuladen.

Der Erfolg eines Einladungssonntages liegt darin, dass eine Person eine andere einlädt und – erstaunlicherweise – nicht darin, dass diese Person auch „Ja" sagt. Die Antwort auf die Einladung liegt in Gottes Hand. Einer meiner Lieblingsautoren, Jim Rohn, sagte einmal: „Gott hat den härteren Job. Stellen Sie sich vor, Sie müssten den ganzen Baum erschaffen, statt nur den Samen zu säen. Herauszufinden, wie Sie das anstellen sollen, würde Sie bis spät in die Nacht wachhalten."[1] Wir sollten uns nicht für die Antwort verantwortlich machen – und doch tun wir das so oft oder versuchen es zumindest. Wir machen uns Gedanken, ob sie zusagen oder nicht, und interpretieren ihre Antwort als alle mögliche Art von Kritik an uns selbst. Doch Fakt ist, dass einige „Ja" sagen werden und andere „Nein"... und wir müssen die Enttäuschung, die wir vielleicht spüren, überwinden.

---

1 Auszüge von Jim Rohn: „The treasury of Quotes", Jim Rohn International, 2002, www.jimrohn.com.

Messbare Resultate beweisen den Erfolg. Das klingt vielleicht ein bisschen zu hart und exakt für eine Kirche, aber vergessen Sie nicht, dass tatsächlich auch jemand gezählt hat, wie viele Leute an Pfingsten zur Kirche hinzugefügt worden sind (Apostelgeschichte 2,41), oder auch die Anzahl der Fische, die die Jünger fingen, nachdem Jesus sie bat, auf der anderen Seite zu fischen (die ganze Geschichte steht bei Johannes 21). Zu messen, was passiert, hilft uns, Gottes Stimme zu hören. Gott spricht zu uns, wenn etwas nicht so gut läuft. Zählungen und Messungen unserer Ergebnisse können also helfen, die nächsten Schritte, die er für uns vorgesehen hat, zu erkennen. Wenn wir nicht messen, reflektieren oder uns Dinge erneut vergegenwärtigen, kann es passieren, dass wir überstürzt den Schritt, den Gott für uns vorsieht, nicht gehen.

Ich wurde das erste Mal auf die Idee eines Einladungssonntages aufmerksam, als ich einen Anruf von meinem Freund Gillian Oliver, dem damaligen Leiter der Kommunikationsabteilung des Bischofs von Manchester, erhielt, der auf der Suche nach neuen Wegen war, die Kirche voranzubringen. Ich war sofort von der Idee eingenommen, nicht nur wegen ihrer Einfachheit, sondern auch wegen der Begeisterung, die ich in Gillians Stimme hören konnte.

Als der Name „Back-to-Church-Sunday" das erste Mal fiel, kam uns der Gedanke, dass Gott uns vielleicht dazu berufen hatte, eine Brücke zu denen zu bauen, die sich von der Kirche entfernt hatten. Der Titel „Back-to-Church" erweckt diesen Eindruck. Der Hauptfokus der Initiative lag über die Jahre hinweg auf dieser Gruppe von Leuten, die manchmal nach Monaten, Jahren, oft aber sogar Jahrzehnten, zur Kirche zurückkehren. Doch 2005, im zweiten Jahr der Initiative, hörten wir dann von Leuten, die vorher noch nie in einer Kirche gewesen waren, aber dennoch zu diesem Sonntag eingeladen wurden und geblieben sind. Anfangs lag der Fokus der Initiative auf unregelmäßigen Kirchgängern, doch nun hat Gott uns gezeigt, wie Er unsere Idee verwenden will, diejenigen einzuladen, die außerhalb der Kirche sind. Weshalb nennen wir das Projekt also immer noch „Back-to-Church-Sunday"? Einige baten um eine Namensänderung und meinten, dass

Tausende auf der Kirchenschwelle stehen würden, wenn der Name zu „Come-to-Church-Sunday" (Deutsch: Komm-zur-Kirche-Sonntag) geändert werden würde! Aber ich glaube immer noch nicht, dass es ein Fehler war, das Ganze „Back-to-Church-Sunday" zu nennen. Denn das „zurück (back)" bezieht sich auf den Impuls, den Gott der Vater unserer Generation bringt. Verstehen Sie, Gott will uns alle in eine Beziehung mit Ihm „zurück (back)" bringen. All das dreht sich um Ihn. In jeder Generation gibt es einen Impuls, der von Ihm ausgeht. Wenn wir drei oder vier Generationen zurückblicken, dann erkennen wir, dass der Druck, in die Kirche zu gehen, von der Gesellschaft ausging. Es handelt sich um eine Zeit, in der die meisten Leute die Kirche besuchten, weil man das damals eben so gemacht hat. Ein paar Generationen später änderte sich die Dynamik; viele Leute schickten ihre Kinder in die Kirche, gingen jedoch selbst nicht mehr hin. Doch ein Impuls war immer noch vorhanden. Nun blicken wir auf unsere Generation und stellen fest, dass weder Erwachsene noch ihre Kinder in großen Mengen zu unseren Gottesdiensten kommen. Nichtsdestotrotz ist unser Gott noch immer am Werk. Tatsächlich spricht er mehr zu den Leuten *außerhalb* der vier Wände unserer Kirche, als er es im *Inneren* tut. In unserer Generation müssen wir uns Gottes Impuls anschließen, Menschen persönlich einzuladen. Das „zurück (back)" in „Back-to-Church-Sunday" spricht also nicht von uns, oder von denen, die wir einladen, es spricht von Ihm.

Das Wort „Kirche/Gemeinde (church)" in „Back-to-Church-Sunday" bezieht sich nicht auf das Gebäude, noch nicht einmal auf den Gottesdienst. Kirche bedeutet das versammelte Volk Gottes in einer Gemeinschaft, die dabei hilft, die Beziehung zu Gott dem Vater zu pflegen. Ich liebe es auch, am Gottesdienst teilzunehmen, doch das ist nur ein Teil von Kirche und nicht die ganze Kirche. Dennoch haben wir an vielen Orten der Welt den Gottesdienst zum einzigen Ausdruck von Kirche gemacht.

Das Wort „Sonntag (sunday)" in „Back-to-Church-Sunday" ist da, weil ich glaube, dass heutzutage ein Fluch auf der Kirche liegt. Das ist ein Wort, das wir nicht leichtfertig gebrauchen sollten, also lassen

Sie es mich erklären. Der Fluch, von dem ich glaube, dass er auf der westlichen Kirche liegt, ist die Mentalität, folgendermaßen über die Menschen außerhalb der Kirche zu reden: „Wenn sie kommen wollten, dann würden sie auch kommen." Der zielgerichtete Einladungssonntag hilft dabei, über diesen Fluch hinwegzukommen, indem wir an einem Tag *gemeinsam* einladend sind. Das mag zunächst etwas gezwungen wirken, doch nachdem man es einmal getan hat, wird es zunehmend natürlicher. Wir müssen uns zunächst auf einen Sonntag im Jahr konzentrieren, um die Gewohnheit des Nicht-Einladens ablegen zu können. Momentan hoffen viele unserer Gemeinden leider einfach darauf, dass jemand in ihre Kirche kommen wird, um das Ruder zu übernehmen und ihnen somit die Mühe erspart. Sie lehnen sich zurück, warten, dass die Menschen zur Tür hereinkommen, und zitieren diesen Fluch, dass die Menschen kommen würden, wenn sie es wirklich wollten. Er erinnert sie ständig daran, dass die Leute früher auch ohne Einladung gekommen sind.

Doch wieso ist das nun ein Fluch? Wir können darauf zurückblicken, was Gott unser Vater in vergangenen Generationen bewirkt hat, als unsere Vorfahren riesige Kirchen bauten, um Platz zu schaffen für ihre Gemeinden und die bloße Bauweise einer Kirche die Menschen angelockt hat. Als diese Gebäude errichtet wurden, waren sie überfüllt. Dass die Menschen nicht mehr in solch großen Scharen kommen, könnte darauf schließen lassen, dass sie nicht kommen wollen. Doch wir dürfen nicht vergessen, was für einen schwierigen Schritt es für viele darstellt, eine Kirche zu betreten, ohne hineingebeten worden zu sein. Man muss sehr mutig (oder vielleicht verzweifelt) sein, um heutzutage von sich aus in eine Kirche zu gehen, doch das heißt nicht, dass Gott nicht im Leben dieser Menschen am Werk ist. Er will nur, dass wir uns Seinem Wirken anschließen.

Christus ist lebendig und tätig in unseren Familien, Freundeskreisen und Gemeinden. Wir müssen losziehen und sie einladen und akzeptieren, dass manche die Einladung freudig annehmen werden, andere wiederum nicht. Jim Currin von der ökumenischen Organisation „Churches Together in England and Wales" schrieb:

Die BBC und Open University führten eine Umfrage durch, in welcher Leute gebeten wurden, zu beschreiben, was Christentum für sie bedeutet. Die Ergebnisse sind sehr aufschlussreich. Die Einleitung der Umfrage erinnert uns daran, dass 71,6 Prozent der Bevölkerung des Vereinten Königreichs sich im Zensus von 2001 als Christen bezeichneten, auch wenn nur 15 Prozent von ihnen einer Kirche angehören oder in die Kirche gehen. Interessanterweise ist die Umfrage so ausgelegt, dass sie diejenigen, die sich als Christen bezeichnen, fragt, weshalb sie nicht in die Kirche gehen. Das macht es schwer für diejenigen, die regelmäßig in die Kirche gehen, den Fragebogen auszufüllen. Die Ergebnisse erzeugen vermutlich eine sehr einseitige Sichtweise, die den Teil der Bevölkerung, der in die Kirche geht, als Ganzes weniger repräsentiert, was die zahlreichen Schlussfolgerungen für Leute wie mich wahrscheinlich noch ermutigender macht.

Als die Ergebnisse der Umfrage 2009 untersucht wurden, hatten 75 Prozent der Leute, die bis dahin teilgenommen hatten, angegeben, dass sie sich selbst gegenüber anderen Leuten als Christen bezeichnen, und weitere 18 Prozent würden es manchmal vor ihren Freunden tun. Diese Zahlen sind sehr groß, was keine Überraschung ist, wenn man bedenkt, dass es sich um eine christliche Studie handelt. Bemerkenswert daran ist jedoch, dass, wenn ich die Ergebnisse richtig verstanden habe, fast doppelt so viele Männer wie Frauen den Fragebogen ausgefüllt haben: 2114 im Vergleich zu 1125. Ich bin mir nicht sicher, ob das bedeutet, dass mehr Männer das Programm ansehen, oder, dass mehr Männer an Online-Umfragen teilnehmen. Nahezu alle Teilnehmer sind aus dem Vereinigten Königreich; nur 207 gaben an, von außerhalb zu sein. Nebenbei war ich auch an der demografischen Verteilung der Umfrage interessiert. Abgesehen von den unter 20-Jährigen und den über 70-Jährigen, von denen 216 bzw. 126 an der Umfrage teilnahmen, waren Personen in ihren Zwanzigern (533), Dreißigern (575), Vierzigern (644), Fünfzigern (637) und Sechzigern (508) relativ gleichmäßig vertreten. Als Erstes sollte angemerkt werden, dass mehr als die Hälfte der Teilnehmer wöchentlich in die Kirche gehen und täglich beten. Zweifellos sind diese Leute am ehesten motiviert, den Fragebogen auszufüllen, doch man muss sich auch daran erinnern, dass sie in der Einleitung entmutigt wurden. Mehr als ¾ beten öfter als einmal im Monat. Von der Zielgruppe der Umfrage geht beinahe die Hälfte nicht regelmäßig in die Kirche. Was haben diese Leute uns also zu sagen? Auf die Frage, wieso die Leute nicht in die Kirche gehen, antworteten die wenigsten mit Zeitmangel oder Gruppenzwang. Viel mehr Menschen gaben an, dass sie sich „nicht wohlfühlen" oder noch keine passende Kirche gefunden haben, oder auch einfach, dass man „nicht in die Kirche gehen muss, um ein Christ zu sein".

Gleichwohl ist es für Initiativen wie den „Back-to-Church"-Sonntag oder jeden anderen Einladungssonntag wesentlich, dass 57 Prozent der Teilnehmer sagten, dass sie öfter gehen würden, wenn sie könnten. Was diese Leute hauptsächlich aufhält, sind Arbeit, Familie und andere Verpflichtungen, nicht unbedingt die Kirche selbst.

Es ermutigt mich, dass die Umfrage sich an Menschen richtete, die nicht zur Kirche gehen, dass mehr Männer als Frauen teilgenommen haben und dass die Mehrheit öfter gehen würde, wenn sie könnte.[2]

Es gibt einen riesigen Kreis von Menschen, die einmal Teil der Kirche waren und nun keine Gottesdienste mehr besuchen. Manche postmoderne christliche Denker glauben, dass dies die letzte Generation ist, oder sogar, dass wir uns bereits jenseits der letzten Generation befinden, die noch viel über Kirche und die Geschichten aus der Bibel weiß. Es gibt jedoch immer noch eine überraschende Widerstandskraft in der allgemeinen Bevölkerung, die sich in jeder Umfrage und jedem Zensus immer wieder als Christen bezeichnet. Ich habe dazu eine Theorie.

Ich glaube, dass uns die Wohltaten der Kirche in den vergangenen Generationen heute beeinflussen. Eine Passage im Alten Testament besagt, dass Gott die Missetat der Väter bis in die dritte und vierte Generation heimsucht (Exodus 20,5). Wenn das wahr ist, könnte das

---

2   Suche „Christianity Survey" auf der offenen Homepage der Universität http://www.open2.net/christianity/survey.html. Der Artikel wurde mit Genehmigung benutzt.

auch auf Wohltaten zutreffen? Einer der stärksten Segen ist der, der bei der Taufe ausgesprochen wird: „Ich zeichne dich mit dem Zeichen des Kreuzes. Christus nimmt dich als sein Eigen an." Dies ist einer der vielen Segen, die über unzählbar viele Erwachsene und Kinder in unzählbar vielen Generationen ausgesprochen wurden. Auch wenn unsere Generation Segen nie direkt zugesprochen bekommen hat, macht das vielleicht nichts aus. Selbst wenn die Eltern oder Großeltern es nie zugesprochen bekommen haben, macht das nichts aus. Irgendwann einmal in der Geschichte unserer Familien hat jemand einen mächtigen Segen zugesprochen bekommen. Und dieser Segen könnte heute immer noch wirken. Er verbindet Menschen immer noch auf irgendeine Weise mit der christlichen Kirche. Und es könnte eine Erklärung dafür sein, warum Menschen in jeder Volksbefragung der westlichen Welt immer noch das Kästchen wählen, das sie als Christen ausweist, obwohl sie auch das Kästchen „Keine Religionszugehörigkeit" wählen könnten. Viele, vielleicht sogar die meisten dieser Menschen haben selten die Türschwelle einer Kirche überschritten, aber sie bezeichnen sich immer noch als Christen. Wer lenkt die Hand, die den Stift hält und bringt sie dazu, dieses Kästchen anzukreuzen?

Die Beharrlichkeit dieser Menschen, die nicht in die Kirche gehen, sich aber dennoch als Christen bezeichnen, ist ziemlich bemerkenswert. Es vermittelt mir den Eindruck, dass sie von jemandem festgehalten werden. Wir sollten das als Inspiration nehmen, einladende Personen in einer einladenden Kirche zu werden und daran zu glauben, dass Gott seine Menschen auf die Einladung vorbereitet hat. Als Jesus seinen ersten Jüngern sagte: „Folgt mir nach", als er seinen Dienst begann, da offenbarte er uns das einladende Wesen seines Vaters.

Interessanterweise besteht diese große Menge an Menschen, die offen für eine Einladung zum Gottesdienst sind, nicht nur aus Familien und jungen Leuten, die oft die Zielgruppe von missionarischen Aktivitäten in der Kirche sind, sondern auch aus Leuten im, oder kurz vor dem Ruhestand. Täglich werden tausende Menschen im Vereinigten

Königreich sechzig Jahre alt. In den Tagen kurz vor und kurz nach ihrem Geburtstag, durchlaufen sie vermutlich einen Prozess, der sich ungefähr so anhört:

Phase 1: „Wie um alles in der Welt bin ich sechzig geworden?"
Phase 2: „Puh, ich habe noch ein paar Jahrzehnte."
Phase 3: „Wow! Das ging alles so schnell. Werden die nächsten zwanzig Jahre auch so schnell vergehen, und wann werde ich etwas tun, das Bedeutung hat?"

Genau wie Gott die Geburt eines Kindes oder eine Hochzeit zum Anlass nimmt, Menschen an seine andauernde Anwesenheit in ihrem Leben zu erinnern, so tut er das auch mit Schlüsselereignissen wie großen Geburtstagen! Indem wir Einladungssonntage, Aktivitäten oder Events durchführen, arbeiten wir in einem Bereich, in dem Gott bereits am Werk war, und wir ernten die Frucht seiner Arbeit.

Impulse zum Nachdenken:

- *Wer lenkt die Hand, die den Stift hält und bringt sie dazu, „Christ" auf dem Umfrageformular anzukreuzen?*
- *Sind die Leute offen gegenüber der Einladung, mitzukommen?*
- *Stimmen Sie Michael Harvey zu, dass ein Fluch auf der Kirche liegt, der heißt: „Wenn sie zu unseren Gottesdiensten kommen wollten, dann würden sie auch kommen"?*
- *Was bewirkt dieser „Fluch"?*

Kapitel 2
Gründe, warum wir unsere Freunde nicht einladen

Erinnern Sie sich daran, als Sie das erste Mal eine Freundin bzw. einen Freund mit nach Hause gebracht haben, um sie/ihn Ihren Eltern vorzustellen? Erinnern Sie sich, wie Sie sich Sorgen gemacht haben: „Werden meine Eltern sie/ihn mögen? Werden sie sich verstehen? Oder werden sie mich vor meiner Freundin/meinem Freund in Verlegenheit bringen?"

Wenn Sie ihre Freunde in die Kirche mitbringen, sorgen Sie sich um ähnliche Dinge. Sie haben Angst, dass Ihre Freunde Sie nicht mehr mögen, wenn es nicht gut läuft. Seine Freunde in die Kirche mitzubringen, bringt die Freundschaft auf ein neues Level, und das macht uns nervös. Was werden Ihre Freunde sagen, wenn sie Ihre anderen Freunde, Ihre kirchlichen Freunde treffen? Was werden sie über den Gottesdienst denken? Wird es ihnen zu lange dauern? Wird etwas schiefgehen? Wird jemand aufstehen und etwas sagen, was Sie einfach nur erschaudern lässt?

Donald Rumsfeld, der ehemalige Verteidigungsminister der USA, stand eines Morgens auf, und während er vermutlich noch Hausschuhe und Morgenmantel anhatte, ging er zum Mikrofon und sprach zur Welt:

„Es gibt Dinge, von denen wir wissen, dass wir sie wissen, also bekanntes Bekanntes. Wir wissen auch, dass es bekanntes Unbekanntes gibt, das heißt, wir wissen, es gibt einige Dinge, die wir nicht wissen.

Aber es gibt auch unbekanntes Unbekanntes – es gibt Dinge, von denen wir nicht wissen, dass wir sie nicht wissen."[3]

Nehmen Sie sich einen Moment Zeit, um über dieses Zitat nachzudenken! Manche von uns kommen in ein Lebensalter, in dem wir – offen gesagt – sicher sind, dass wir alles wissen. Wir haben lange gelebt, und wir haben gelernt, dass wir, wenn wir eine bestimmte Handlung vollziehen, vorhersagen können, was das Ergebnis sein wird. Wir haben viele Erfahrungen gesammelt. Als wir jung, naiv und unerfahren waren, versuchten wir, Dinge für Gott zu tun. Aber jetzt wissen wir es besser: Wir haben Erfahrung. Wir sind zu gebildet, um etwas zum ersten Mal auszuprobieren – und wir sind besonders vorsichtig, wenn uns das Ganze zu simpel vorkommt. Wir misstrauen allem, was zu einfach erscheint und suchen nach dem Haken, den wir irgendwo vermuten.

Denken wir also, dass wir alles schon wissen, oder ziehen wir in Betracht, dass wir alle zumindest unbewusst bis zu einem gewissen Grad inkompetent sind?

Haben wir als Kirchengemeinde aufgehört, dazuzulernen? Wir haben auf einer institutionellen Ebene schon seit Jahrzehnten ein Problem damit, Menschen zum Gottesdienst einzuladen. Dennoch haben wir uns niemals Zeit genommen, der Frage auf den Grund zu gehen, warum wir dieses Problem haben. Ein Mangel an reflektierendem Lernen ist eine der großen Blockaden der Kirche heute. Wir machen zu schnell weiter, und wir vergessen dabei, dass Gott auch durch Misserfolge spricht. Wir haben alle „unbekanntes Unbekanntes", auch wenn wir manchmal so tun, als ob dem nicht so sei. Deshalb sollten wir auch auf die Gründe schauen, die uns davon abhalten, jemanden einzuladen, so wie z.B. die Angst vor dem Versagen.

---

3 Donald Rumsfeld: „Known and Unknown: A Memoir", New York: Sentinel, 2011.

Die Blockaden

Warum also laden Menschen ihre Freunde nicht in die Kirche ein? Hier werden einige Gründe aufgeführt, die ich die „Blockaden in den Gemeinden" nenne – die Probleme, die uns als Gemeindemitglieder zurückhalten, unsere Freunde und Nachbarn in den Gottesdienst einzuladen.

Bei den hunderten von Seminaren, die ich durchgeführt habe, benutzte ich zwei „Schlüssel", um gemeindliche Blockaden offenzulegen und mit ihnen umzugehen. Der erste Schlüssel heißt Entdeckung; die Frage dazu lautet: Warum denken Sie, laden Ihre Gemeindemitglieder ihre Freunde nicht ein? Die Ergebnisse dieser Frage zeigen sich in der folgenden umfangreichen Liste. Der zweite Schlüssel ist die Bitte um Vergebung, denn wenn Sie die Liste aufmerksam überprüfen, werden Sie die Sünde der Unterlassung erkennen.

Kennen Sie einige dieser Bedenken von sich selbst oder von Ihrer Gemeinde?

1. „Ich leide am Gottesdienst, und ich will nicht, dass meine Freunde leiden", und „Meine Freunde werden nicht mitkommen wollen"

Wir können uns sicher alle daran erinnern, dass wir unerträgliche oder peinliche Gottesdienste miterlebt haben. Manche von uns haben diese Gottesdienste sogar geleitet! Wenn wir darüber nachdenken, unsere Freunde zur Kirche einzuladen, erinnern wir uns an diese Gottesdienste und stellen uns vor, unsere Freunde zu so etwas einzuladen. Vielleicht machen wir uns Sorgen darüber, was unsere Freunde von uns denken, wenn sie wissen, dass wir in so einer Gemeinde engagiert sind. Wir kommen zu dem Schluss, dass es besser wäre, unsere Freundschaft nicht aufs Spiel zu setzen, und laden sie letztendlich nicht ein.

Aber wenn wir uns diese Blockade genauer ansehen, werden wir herausfinden, dass, auch wenn die Gedanken ein Fünkchen Wahrheit in sich tragen, dies keineswegs die ganze Wahrheit ist.

Zunächst fällen wir die Entscheidung, ob wir unsere Freunde einladen, auf der Basis, wie wir unsere eigenen Gottesdienste finden. Wir sind so christlich bei der Thematisierung einer Einladung, dass wir es unseren Freunden ersparen wollen, „Nein" auf eine Frage zu antworten, die wir ihnen gar nicht stellen werden.

Des Weiteren ist es unwahrscheinlich, dass unsere Freunde die gleichen Fragen oder Probleme sehen wie wir.

Und schließlich sagt es etwas über unsere eigene Erfahrung mit Kirche aus, die Gott vielleicht ansprechen will. Und diese lähmende Haltung ist dann der Grund dafür, dass wir unsere Freunde nicht einladen.

2. „Ich will nicht abgelehnt werden"

Viele von uns haben tatsächlich an manchen Punkten im Leben den Mut gefasst, Freunde zum Gottesdienst einzuladen, aber diese haben die Einladung abgelehnt. Niemand will das Wort „Nein" hören. Es ist eine Zurückweisung. Unser ganzes Leben lang tun wir alles, was wir können, um Ablehnung zu vermeiden. Wir scheuen uns davor, das Innerste unseres Herzens preiszugeben.

An diesem Punkt frage ich in meinen Seminaren normalerweise das Publikum, ob sie von jemandem wissen, der zurückgewiesen wurde. Und nicht nur zurückgewiesen, sondern verachtet, geschlagen und bloßgestellt. Jesus hat unter all diesen Dingen gelitten. Und wenn wir dem Weg des Glaubens folgen, dann werden wir auch von Zeit zu Zeit zurückgewiesen. Punkt. Als Nachfolger Christi müssen wir unsere Enttäuschung im Zaum halten und für ihn weitermachen.

Ich wurde hunderte Male, wenn nicht sogar tausendmal zurückgewiesen. Wenn ich abgelehnt werde, beginne ich, das persönlich zu nehmen, und nach einer gewissen Anzahl von Ablehnungen – wenn ich mich daran gewöhnt haben sollte – tendiere ich dazu, den Kopf ein wenig hängen zu lassen.

Ich habe aber einen Satz, der mir hilft, weiterzumachen. Ich sage zu mir selber: „Ist das nicht interessant?" Das klingt ein wenig dumm, aber indem ich es sage, hilft es mir, mich von der Ablehnung zu distanzieren und weiterzumachen.

Leben wir durch Angst und nicht durch Glauben, weil wir Angst haben, abgelehnt zu werden? Die Buchstaben des englischen Wortes FEAR (Furcht) stehen für false (falscher) evidence (Beweis) appearing (erscheint) real (richtig). Die Furcht ist ein Dieb, sie stiehlt und zerstört, aber sie wird nur dann groß, wenn wir ihr erlauben, zu wachsen. Wir können das Wachsen der Furcht beenden, indem wir sie erkennen, ihr widerstehen und sie dann ablehnen. Ich habe auch gelernt, dass das englische Wort NO (Nein) für „Next one!" (Nächster Versuch!) steht.

3. „Wir haben keine Freunde, die nicht zur Kirche gehen"
Diese Aussage ist oft die erste Verteidigungslinie, und auch wenn darin natürlich ein Stück Wahrheit stecken kann, wird es kaum die ganze Wahrheit sein. Wir überwinden diesen Vorbehalt durch Schritt 6 von den 12 Schritten, die in Kapitel 4 beschrieben werden (Schritt 6 ermutigt uns, Gott zu bitten, uns die Person, die er für unsere Einladung vorbereitet hat, zu nennen oder uns einen Eindruck von ihr zu geben). In jedem von uns liegt eine Menge Potenzial. Nur wir haben die einzigartigen Beziehungen zu unseren Freunden, um sie zu erreichen.

Wir müssen herausfinden, was uns zurückhält und daran arbeiten.

4. „Das ist die Aufgabe der Verantwortlichen in der Gemeindeleitung"
„Wofür um Himmels willen bezahlen wir sie, wenn sie ihren Auftrag nicht erfüllen?" Ich habe von kirchlichen Treffen gehört, wo mit den Fingern sehr stark in Richtung der Hauptberuflichen gedeutet wurde. Wir müssen uns jedoch bewusst sein, dass, wenn wir anfangen, mit einem Finger auf andere zu zeigen, drei Finger direkt auf uns zurückweisen.

Jesus hat die 72 Jünger beauftragt. Er beauftragt jeden von uns. Der Auftrag Jesu ist ein großes Thema, über das viele Bücher geschrieben wurden. Im Zentrum der meisten Ausdrucksweisen des Auftrags steht die Einladung. Einzuladen ist etwas, was wir alle tun können. Es ist mit großer Bestimmtheit nicht nur die Aufgabe der Hauptberuflichen.

5. „Letztes Jahr hat mein Freund ‚Nein' zu mir gesagt"

Warum geben wir so einfach auf? Ich habe zahllose Geschichten von Christen gehört, die mehrere Male gefragt werden mussten, bevor sie eine Einladung angenommen haben. Wir müssen von der Ausdauer lernen, die in der Geschichte vom verlorenen Groschen oder vom verlorenen Schaf gezeigt wird. In diesen Geschichten zeigt sich wahre Beharrlichkeit und Entschlossenheit. Aber vergessen Sie nicht, dass nicht die Antwort der Erfolg ist, sondern die Einladung selbst.

6. „Ich bin nie eingeladen worden – ich bin in die Kirche hineingeboren"

Wir alle wurden eingeladen, wir sind uns dessen nur manchmal nicht bewusst. Ich wurde von meiner Mutter eingeladen, immer wieder – manchmal, als ich es am wenigsten hören wollte. Wir sollten uns daran erinnern, wer uns eingeladen hat und was das an Segen für unser Leben bedeutet hat, sodass wir diesen Segen auch weitergeben.

7. „Was, wenn das meine Freundschaft zerstört?"

Die Angst, eine gute Beziehung zu zerstören, ist eine andere Blockade. Wir stellen die Frage nicht, weil wir den Schaden fürchten, der angerichtet werden könnte, vielleicht sogar ein Schaden, der nicht wieder gut zu machen ist. Wir machen uns Sorgen, was unsere Freunde über uns denken, nachdem sie einen Gottesdienst miterlebt haben. Es ist sehr unwahrscheinlich, dass wir eine wahre Freundschaft durch eine einfache Einladung verderben. Tatsächlich könnte es die Beziehung sogar zum Positiven hin verändern.

8. „Unsere Gottesdienste und unsere Leute sind unvorhersehbar"

Wir wollen vorher wissen, wer predigt, ob die richtigen Lieder gesungen werden, und ob sich jeder benehmen wird. Wir werden niemanden einladen, bis an dem Tag nicht alles perfekt ist. Wir überlegen im Vorhinein, was das Schlimmste ist, das passieren könnte, und gehen dann davon aus, dass es auch passieren wird, und laden aufgrund dieser Annahme niemanden ein.

Kirche ist natürlich mehr als der Gottesdienst, und so können wir unsere Freunde auch den Freunden in der Gemeinde vorstellen.

9. „Ich fürchte die Gemeinde wird denken, mein Freund passt nicht zu uns"

„Was ist, wenn meine Beziehungen mit den Menschen in der Gemeinde zerstört werden, wenn sie sehen, mit was für Typen ich außerhalb der Kirchengemeinde befreundet bin?" Wir sollten nicht vergessen, dass Jesus seine Zeit mit den Zolleinnehmern und denen, die von der Gesellschaft ausgeschlossen waren, verbracht hat – zur Überraschung und zum Schrecken der religiösen Führer seiner Zeit.

10. „Es gibt keine freien Plätze in meiner Nähe"

„Wo würde meine Freundin sitzen? Es ist an manchen Sonntagen bei uns schon ziemlich voll." Das ist nur eine Ausrede, nicht einzuladen, und es ist wahrscheinlich das schwächste Argument von allen. Und überhaupt: Was ist eigentlich aus den guten alten Klappstühlen geworden?

11. „Es wird langweilig werden"

Wir denken: „Ich kann mir nicht vorstellen, dass mein Freund es nicht langweilig finden wird, was wir am Sonntagmorgen machen. Denn ich finde es langweilig!" Das ist ein klassisches Beispiel, Entscheidungen für unsere Freunde zu treffen und für sie zu denken, um uns davon abzuhalten, sie einladen zu müssen.

12. „Ich bin schüchtern"

„Ich bin eine ziemlich schüchterne Person und – offen gesagt – hätte Schwierigkeiten damit, jemanden einzuladen." Wie passt der Auftrag Jesu „Geht hin und machet zu Jüngern" zu einer schüchternen und zurückhaltenden Persönlichkeit? Den meisten von uns – egal ob schüchtern oder nicht – bereitet der Gedanke, jemanden einzuladen, Sorgen. Egal, ob wir uns Sorgen machen, schüchtern oder ängstlich sind: Sich seinen Ängsten zu stellen und trotzdem einzuladen, kann die Angst vertreiben.

13. „Glaube ist Privatsache"

Als wir jung waren, wurde uns beigebracht, dass es drei Dinge gibt, die man in der Öffentlichkeit nicht erwähnt: Sex, Politik und Religion. Unser Glaube scheint Privatsache zu sein, und wir denken, dass jeder andere das auch so beigebracht bekommen hat. Aber wo in der Bibel oder in der Kirchengeschichte heißt es, dass unser Glaube privat sei?

14. „Ich will nicht komisch rüberkommen"

„Ich will nicht als ‚Bibel-Fritze' gesehen werden, oder noch schlimmer als einer dieser Fundamentalisten." Jeder von uns will als vernünftige Person wahrgenommen werden. Bisweilen werden wir im Leben als Christen zurückgewiesen und als merkwürdig angesehen. Wir müssen darüber hinwegkommen; wir müssen bereit sein, aufzustehen und Farbe zu bekennen.

15. „Ich wüsste gar nicht, was ich sagen sollte"

„Wie frage ich Leute, ob sie mit zur Kirche kommen wollen, und was mache ich, wenn sie mir eine Frage stellen, die ich nicht beantworten kann, wie z.B.: Erklär mir die Dreieinigkeit?" Wir beginnen, uns all die schwierigen Fragen vorzustellen, die vielleicht gefragt werden könnten, nachdem wir uns vielleicht etwas unbeholfen durch eine Einladung gequält haben, und dann entscheiden wir, dass es letztlich den Aufwand nicht wert ist. Wir haben oft das Gefühl, als ob wir viel trainieren müssten, um das, was wir unseren Freunden antworten könnten, einzuüben. Das wird dann zu einem bequemen Grund, nicht einzuladen. Das Training im siebten der zwölf Schritte wird zehn Sekunden dauern.

16. „Es müssen die richtigen Leute sein"
„Ehrlich gesagt sind meine Freundinnen nicht die richtigen Typen für unsere Gemeinde. Sie müssten erst gläubig werden, und selbst dann wäre ihr Verhalten unakzeptabel für den Rest der Gemeinde."

Man fragt sich manchmal, ob jemand, der Tische im Tempel umschmeißt, die „richtige Person" für die Kirche ist!

17. „Einladen ist eine tolle Idee"
Das ist eine „subtile Form der Zurückweisung", bei der man denkt, man hat die Gemeindemitglieder überzeugt, einzuladen. Aber am Ende tun sie es nicht. Man nennt das den „Pudding-Effekt". Wenn man den Pudding berührt, wackelt er und bewegt sich dann zur gleichen Position zurück. Er ist immun gegen Positionswechsel. Manche Gemeindeglieder können von einer Idee wirklich begeistert scheinen, aber sie werden es trotzdem nicht tun, und es wird sein, als hätte man es nie erwähnt. Vorsicht vor Pudding-Christentum!

18. „Sie könnten mir Fragen über meinen Glauben stellen und fragen, warum ich zur Kirche gehe"
Viele von uns haben weniger Angst davor, ein „Nein" als Antwort zu bekommen, als davor, tatsächlich ein Gespräch beginnen zu müssen. Das ist eine ganz tolle Blockade, weil es in Wahrheit überhaupt kein Problem ist. Gefragt zu werden, warum wir in den Gottesdienst gehen, wird uns helfen, unseren Glauben auszudrücken. Manche von uns haben einen Glauben wie der Apostel Andreas. Er war nur eine kurze Zeit mit Jesus zusammen – nur ein paar Stunden. Und trotzdem war in diesen Stunden etwas geschehen, was etwas in ihm entzündet hat. Bei manchen von uns ist unser Glaube wie der von Thomas, mit vielen Zweifeln und Unsicherheiten zwischen tiefen Si-

cherheiten. Wieder andere sind bereit zu mutigen Bekenntnissen, wie Petrus, der offen bekennen konnte, dass Jesus tatsächlich der Sohn Gottes war. Bei anderen von uns wird diese Frage auslösen, dass wir wirklich darüber nachdenken, warum wir in die Kirche gehen. Wir sollten vor diesen Fragen keine Angst haben, wir sollten sie stattdessen reizvoll finden. Aber vielleicht sollten wir schon jetzt beginnen, über die Antwort nachzudenken.

Blockaden, denen Verantwortliche in der Gemeindeleitung begegnen

Wir haben bisher einige Blockaden betrachtet, die Kirchengemeinden davon abhalten, einzuladen. Diese Blockaden, die Einladung verhindern, gibt es aber auf allen Ebenen. Lassen Sie uns auf einige schauen, die von Leitungsverantwortlichen kommen. Ich habe hier echte Aussagen verwendet, die ich so gehört habe.

1. „Wir sind grottenschlecht darin, Menschen einzuladen"

Das wurde als Grund genannt, warum dieser Verantwortliche in der Gemeindeleitung niemals wieder einen „Einladungs-Sonntag" machen würde! Die Frage ist, ob wir eher auf Mängel schauen oder auf Resonanz? Das ist die entscheidende Phase, die wahre Prüfung für Leitung. Es ist die Krise, an der eine Leitungsperson wächst. Man kann diese Feststellung von zwei Seiten betrachten. Mit einer Denkweise, die an Mängeln orientiert ist, würde man der Meinung zustimmen. Mit einer Denkweise, die an Resonanz interessiert ist, schaut man nach den Möglichkeiten.

Der Perspektivwechsel könnte eine Übungsmöglichkeit sein, die die Leitungsperson gebraucht hat. Lasst uns darauf schauen, warum wir „schrecklich darin" sind; lasst uns sehen, ob es wahr ist, dass wir „schrecklich" sind. Vielleicht könnten wir Verantwortliche anderer Gemeinden fragen, wie sie ihre Scheu vor dem Einladen überwunden haben.

Wenn Dinge schieflaufen – und das werden sie bei manchen Leitungsaufgaben –, dann ist das in Wirklichkeit ein wundervolles Geschenk Gottes. Es ist eine richtig gute Möglichkeit zu lernen. Wenn Dinge schieflaufen, ist es, als ob Gott uns unser eigenes Trainingsprogramm schickt. Es ist die Möglichkeit, die an unserer Tür klopft. Die Möglichkeit zu lernen, klopft nicht nur einmal, sondern immer wieder. Hier sind sieben Dinge, die man in der entscheidenden Phase tun kann:

1. Bleiben Sie gelassen.
2. Sammeln Sie die Fakten (Stellen Sie Fragen, bis Sie alle Informationen haben).
3. Übernehmen Sie Verantwortung (Ich bin verantwortlich).
4. Bleiben Sie zuversichtlich (Gott schickt uns niemals ein Problem, das zu groß für uns ist).
5. Setzen Sie Kreativität frei (Wie können wir dieses Problem lösen?).
6. Konzentrieren Sie sich auf Prioritäten (Was ist die eine Sache, die wir tun müssen?).
7. Machen Sie sich auf zum Gegenschlag (Werden Sie aktiv!).

Eine der größten Entdeckungen, die jeder Verantwortliche in der Gemeinde machen kann, ist, dass Kirchenmitglieder ihr Leben verändern können, indem sie ihr Denken verändern. Sprüche 23,7 sagt: „Wie ein Mensch in seinem Herzen denkt, so ist er" (Freie Übersetzung aus dem Englischen). Philipper 4,8 ermutigt uns, unsere Gedanken mit Gutem anzureichern. Jesaja 55,7 sagt: „Der Gottlose lasse von seinem Wege und der Übeltäter von seinen Gedanken."

Wir müssen Verantwortung für unser eigenes Denken übernehmen. Einiges in unserem Denken wird natürlich schwierig zu überwinden sein, aber wir sollten zuversichtlich bleiben, denn wie Psalm 27,1 sagt: „Der Herr ist meines Lebens Kraft."

So können wir damit beginnen, die Kreativität von uns selbst als Verantwortliche und von unseren Gemeinden freizusetzen und das Problem des negativen Denkens in unseren Gemeinden zu überwinden. Wir sollten uns darauf konzentrieren, die Menge an Irrtümern in unserem Gedankenleben zu reduzieren und sie durch einen Strom neuer Gedanken zu ersetzen. Wenn Gott das negative Gedankengut aufdeckt, müssen wir uns darauf konzentrieren, es zu ersetzen, indem wir um Vergebung bitten, Buße tun und uns in eine neue Richtung wenden.

2. „Ein Einladungs-Sonntag ist nicht unsere liebste Vorgehensweise bei Mission"

Diese Antwort bewegt mich immer dazu, die Verantwortlichen in der Gemeinde fragen zu wollen, was denn ihre liebste Vorgehensweise bei Mission ist. Vielleicht ist es etwas, bei dem die Chance geringer ist, dass Menschen „Nein" sagen.

Es gibt eine Geschichte in der Bibel, die hilfreich ist, unsere Enttäuschung zu überwinden. Es ist das Gleichnis vom Sämann. Der Sämann sät die Samen. Manche Samen fallen auf den Weg, und die Vögel kommen und fressen sie auf. Man könnte sagen, das sei nicht gerecht, aber die Bibel erzählt, dass der Sämann weiter sät. Manche Samenkörner fallen auf felsigen Grund, und sobald sie zu wachsen beginnen, dörrt die Sonne sie aus. Man könnte wieder sagen, dass das nicht gerecht sei, aber die Bibel sagt schlicht und einfach, dass der Sämann weiter sät. Manche Samenkörner fallen zwischen Dornen und werden dort letztendlich erstickt. Man könnte immer noch sagen, dass das nicht gerecht sei. In der Bibel wird erzählt, dass der Sämann weiter sät. Das Geheimnis des Sämanns ist, dass er weiter gesät hat, bis der Samen schließlich auf gutem Grund landet. Wir müssen unsere Entmutigung bekämpfen und unsere Enttäuschung überwinden, dann finden wir vielleicht den fruchtbaren Boden.

Betrachten Sie einen Apfelbaum. Da mögen vielleicht 500 Äpfel am Baum hängen, jeder von ihnen mit zehn Samenkörnern. Das sind eine Menge Samenkörner. Wir könnten uns fragen: „Wozu braucht man so viele Samenkörner, um nur ein paar mehr Bäume wachsen zu lassen?"

Gott will uns hier etwas lehren. Zunächst sagt er uns durch den

Apfelbaum: „Die meisten Samenkörner werden nie wachsen, aber sie bewirken trotzdem etwas." Wenn Sie also wirklich etwas bewegen wollen, sollten Sie es öfter als einmal probieren.

Alle Samenkörner erreichen etwas. Gott führt uns oft zu schlechtem Boden, um uns enger in die Beziehung zu ihm zu ziehen. Einer meiner Freunde ist ein Weinkenner, und er sagt, dass einige der besten Weine der Welt auf kargem Boden wachsen. Offensichtlich müssen Weinstöcke gestresst sein, um gute Frucht hervorzubringen. Der schlechte Boden ermutigt die Wurzeln, tiefer nach Wasser und Nährstoffen zu graben. Das könnte auch ein Gleichnis sein für unsere Beziehung zu Gott.[4]

3. „Ich tue doch schon mein Bestes! Was wollen Sie denn mehr?"

Wir dürfen als Verantwortliche in den Gemeinden einfach keine Fehler machen. Das liegt oft daran, dass unsere Gemeinden uns nicht erlauben, zu scheitern, und so fangen wir erst gar nicht damit an, Risiken einzugehen, oder wir werden defensiv, wenn irgendjemand Alternativen vorschlägt, etwas anderes zu sehen oder etwas anderes zu tun. Das ist eine der größten Blockaden auf der Leitungsebene, da wir anfangen, andere Menschen zu beschuldigen, statt selbst Verantwortung zu übernehmen.

4. „Wir machen das jede Woche!"

Das ist oft der Aufschrei von größeren, sehr lebendigen Gemeinden: „Bei uns kommen jeden Sonntag neue Leute." Ich würde an dieser Stelle zwei Fragen stellen: Wie groß ist Ihre Kirchengemeinde? Und wie viele neue Menschen sehen Sie dort jede Woche? Wahrscheinlich ist es der Fall, dass über 90 Prozent der Gemeindemitglieder nicht einladen und es genug Platz für noch mehr Menschen gibt!

---

4 Diese Auslegung kommt von „The Parable of the Sower" auf der Audio-CD „Building your network marketing business", Jim Rohn Audio.

5. „Ich bin so beschäftigt"

Man muss fair sein: Die Kirche ist wirklich sehr beschäftigt. Wir sind damit beschäftigt, Gutes zu tun. Wir speisen die Hungrigen, wir halten Gottesdienste ab, wir müssen Dienstpläne organisieren. Unser persönliches Leben führen wir schon in so einem Tempo, dass wir keine Zeit mehr haben. Hierfür gibt es ein nützliches Wort: Posteriorität.

Das ist ein Wort, das wir alle lernen müssen. Posteriorität ist das Gegenteil von Priorität. Posteriorität bezeichnet die Dinge, die wir zuletzt oder überhaupt nicht machen sollten. Vielleicht sind es gute Dinge, aber sie sind keine Prioritäten.

Um in unseren beschäftigten Leben Zeit zu finden, müssen wir das Gesetz der Posterioritäten[5] lernen. Wenn wir das nicht tun, werden wir niemals all die Dinge schaffen, die wir tun müssen. Deswegen müssen wir Prioritäten setzen und Posterioritäten verstehen. Wir müssen erkennen, wann die guten Dinge, die wir tun, die göttlichen Dinge, die wir tun sollten, verdrängen. Vielleicht kann es auch falsch sein, etwas Gutes zu tun?

6. „Meine Leute sind es leid, jedes Jahr einmal einzuladen"

Wieder einmal ist der wahre Grund für diese Aussage vermutlich, dass es beim letzten Mal nicht funktioniert hat, als die Verantwortlichen der Gemeinde einen Einladungs-Sonntag durchgeführt haben. Aber das ist schwer zuzugeben, und deshalb müssen wir uns einen anderen Grund ausdenken. Das Bild einer müden Gemeinde trifft an vielen Stellen jedoch die Realität. Vielleicht liegt es daran, dass wir sehr viele gute Dinge tun. Ich habe aber den Verdacht, dass die wirkliche Müdigkeit, von der die Verantwortlichen in der Gemeindeleitung sprechen, wohl eher bei ihnen selbst liegt.

---

5 Brian Tracy: The 100 Absolutely Unbreakable Laws of Business Success, San Francisco, Berret Koehler Publishers, 2002.

Blockaden auf der Chef-Etage

Auf der obersten Führungsebene sind die Blockaden anspruchsvoller und intellektueller. Sie klingen normalerweise folgendermaßen:
- „Das Problem ist, dass wir in einer säkularen Gesellschaft leben."
- „Wir sind eine post-christliche Gesellschaft."
- „Das ist die letzte Generation, die noch irgendetwas über die Kirche weiß, deswegen ..."
- „Wir haben immer noch einige Menschen in unseren Gemeinden, die christliches Brauchtum als selbstverständlich erachten und die Notwendigkeit der Einladung nicht erkennen."
- „Wir brauchen eine ‚emergente' Kirche in einer postmodernen Gesellschaft."
- „Mir gefällt deine Missionstheologie nicht!"

Ich will die Mitglieder der Kirchenleitung immer gerne mitten in diesen Sätzen unterbrechen und sie fragen: „Ist Christus lebendig und aktiv, und arbeitet er in unserem Land, oder nicht?" Als Kirchenleiter können sie eigentlich nicht „Nein" auf diese Frage antworten.

Was also haben „säkular", „post-christlich", „postmodern", und „schlechte Missionstheologie" damit zu tun? Sonntags freuen wir uns, davon zu erzählen und zu singen, wie groß unser Gott ist und wie er Berge bewegt. Am Montag aber scheinen wir ihn zu ignorieren und versuchen verzweifelt, Erklärungen dafür zu finden, weshalb Gott in der Welt nicht eingreift, angesichts tatsächlicher und empfundener Ungerechtigkeit in unserer Gesellschaft.

Nichts ist unmöglich für unseren Gott, und es scheint mir, als ob uns die oben genannten Sätze lähmen; sie zeigen unseren Mangel an Glauben und führen uns gehetzt in die falsche Richtung. Wenn wir über Säkularisierung und die Postmoderne reden, dann sprechen wir über Kultur. Kultur ist Gruppen-Denken. Wir müssen dieses Denken infrage stellen und durch Gottes Ansichten ersetzen.

Die Blockaden auf der Chef-Etage sind ernst zu nehmen wegen des Einflusses, den Menschen in Leitungsverantwortung haben können.

Sie können wie Weichensteller für ganze Denominationen oder Kirchenbezirke agieren.

In der Geschichte „Des Kaisers neue Kleider" konnte jeder in der Umgebung sehen, dass der Kaiser nackt war, aber niemand wagte es, es ihm zu sagen. Führungspersonen müssen offen dafür sein, falsch zu liegen und müssen denen um sie herum erlauben, ihren Glauben und ihre Theorien offen infrage zu stellen und anzuzweifeln. Es ist einfach, eine Theorie zu verbreiten, und nach einer Weile können wir es uns selbst einreden, dass sie wahr ist. Wir brauchen diejenigen in unserer Umgebung, die uns helfen, die Balken und Splitter in unseren eigenen Augen zu entdecken.

Eines Tages sollte ich bei einem konfessionellen Führungstreffen sprechen. Bevor ich sprach, gab es eine lebhafte Debatte, um das letzte Thema abzuschließen. Die für Finanzen verantwortliche Person stand auf und machte bekannt, dass es einen Vorschlag gäbe, die Geldsumme, die von einzelnen Kirchengemeinden an die Gesamtkirche zu zahlen ist, um vier Prozent zu erhöhen. Ein Verantwortlicher einer Kirchengemeinde stand wütend auf und sagte, dass das lächerlich sei. Die für Finanzen zuständige Person sagte zur Versammlung „Nun, Sie haben zwei Möglichkeiten. Möglichkeit eins ist, dass die Geldsumme, die an die Gesamtkirche bezahlt wird, erhöht wird. Möglichkeit zwei ist, die Stellen der Hauptberuflichen zu kürzen."

Der Vorsitzende der Versammlung brachte die Debatte dann zu Ende und machte weiter, indem er mich vorstellte und erklärte, dass ich da sei, um darüber zu sprechen, Wachstum freizusetzen.

Angesichts der Herausforderungen, denen Kirchen heute gegenüberstehen, ist es die falsche Frage, ob man entweder Budgets kürzen oder Haushaltskampagnen betreiben sollte, um zusätzliche Finanzmittel aufzutreiben. Unsere Gedankengänge drehen sich oft mehr um das, von dem wir wissen, dass wir es wissen, als um das, von dem wir nicht wissen, dass wir es nicht wissen.

Als ich dann vor das Publikum trat, konnte ich nicht widerstehen zu fragen: „Was meinen Sie damit, dass es nur zwei Möglichkeiten gibt?" Dieses Denken ist zurzeit unter allen christlichen Denominationen verbreitet. Wir haben das Vertrauen darin verloren, dass wir wachsen können, stattdessen verwalten wir sorgfältig den Niedergang.

Eine andere Blockade für kirchenleitende Personen ist die Ernüchterung, die sagt: „Ich habe über ein Jahrzehnt in einer Leitungsposition auf dieser Ebene gearbeitet, und ich bin zu dem Schluss gekommen, dass ich nur sehr wenig ändern kann."

Diese „nichts wird sich jemals ändern"-Blockade ist verbreiteter, als wir es uns für die Ebene der Kirchenleitung vorstellen. Man könnte denken, dass eine kirchenleitende Person fähig wäre, Veränderungen durchzusetzen, doch es ist sehr schwierig, dem Gedankensystem oder der Art, „wie wir die Dinge hier eben tun", entgegenzuwirken, ganz egal, wie erfahren man in der Leitungsaufgabe ist. Aber diese Blockade kann – und muss – in Angriff genommen werden!

Als Paulus das zweite Mal an die Gemeinde in Korinth schrieb, sagte er: „Und wir nehmen gefangen alles Denken in den Gehorsam gegen Christus" (2. Korinther 10,5). Das ist ein guter Rat für Christen im 1. Jahrhundert und auch im 21. Jahrhundert. Wir brauchen nicht Opfer unserer eigenen Gedanken zu sein.

Beim Reisen durch Länder der westlichen Welt, wo die Bevölkerung mehrheitlich christlich ist, begegnete mir als offensichtlichste Blockade die Entmutigung und der Mangel an Glauben. Entmutigung ist eine hartnäckige Sünde – eine, die ständig wiederkehrt und Elemente von Scheitern, Scham und Hoffnungslosigkeit in sich trägt. Die Entmutigung ist tief verankert in allen Leitungs-Ebenen der Kirche. Viele Leitungspersonen blicken nicht in die Zukunft, weil sie gefangen sind im Bedauern der Vergangenheit – vergangenes Scheitern, vergangene Fehler –, oder sie sind so belastet von der Routine der Gegenwart, dass sie nicht genug über die Gestaltung der Zukunft nachdenken können.

Alle diese Gründe werden zu einem Fluch, der auf uns liegt. Sie lähmen und schwächen die Kirche, die wir lieben, und unser christliches Leben, oft ohne dass wir es wissen. Um das zu verbergen, konstruieren wir eine neue Blickweise auf das Leben, die sich ungefähr so anhört: „Die Kirche hat sich heute Abend ganz schön gefüllt."

Wir erfinden eine neue Halb-Realität – nämlich den Schein, dass alles gar nicht so schlecht ist unter den gegenwärtigen Verhältnissen. Vielleicht wird aber der Segen Gottes zurückgehalten, bis wir unsere gottlosen Gründe, Gedanken, Theorien und Glaubenshaltungen bereuen. Gott ist fähig, allen möglichen Müll zu umgehen, aber er gibt uns die Freiheit, um zu entscheiden, wie wir unser Leben führen wollen, und wenn wir entscheiden, etwas nicht zu tun, wird er uns nicht dazu zwingen, das Richtige zu tun.

Wann stand das letzte Mal das Thema „Einladung" auf der Tagesordnung der Leitungs-Gremien in den unterschiedlichen Ebenen Ihrer Kirche? Einladung ist das Zentrum des missionarischen Auftrages. Tatsächlich spielt die Einladung bei den meisten missionarischen Initiativen eine Hauptrolle. Trotzdem hatten wir in den letzten Jahrzehnten ein Problem mit dem Einladen, und wir beachten es bis heute nicht. Dieses Problem ist es sicherlich wert, eine Auszeit zu nehmen und es zu reflektieren. Bewusstsein für eben diese Blockaden zu schaffen kann dazu führen, dass die Anzahl an Menschen, die jährlich eingeladen werden, deutlich steigt.

Impulse zum Nachdenken:

Fragen Sie zuerst die Leitungs-Verantwortlichen Ihrer Gemeinde: „Was hält unsere Gemeinde davon ab, Freunde einzuladen?"

Dann stellen Sie die gleiche Frage an die Gemeindemitglieder.

Mithilfe der Antworten können Sie die Blockaden identifizieren.
    Sprechen Sie die Blockaden an und ersetzen Sie sie durch gottorientiertes Denken.

Hier sind einige Fragen:
1. Wie können wir einladen, wenn wir beim Einladen richtig schlecht sind?
2. Wie können wir einladen, wenn wir doch selbst alle unter unseren Gottesdiensten leiden?
3. Wie können wir einladen, wenn wir noch enttäuscht sind von der letzten Person, die „Nein" gesagt hat?
4. Wie können wir einladen, wenn wir keine Freunde haben?
5. Wie können wir einladen, wenn wir zurückhaltend / schüchtern sind?
6. Wie können wir einladen, wenn unsere Gottesdienste und ihre Teilnehmer unberechenbar sind?
7. Wie können wir einladen, wenn wir Angst vor Ablehnung haben?

All diesen sieben Fragen, die die Grundlage für Predigten liefern könnten, liegt Angst zugrunde. Egal, welcher Berg von Angst uns auch im Weg steht, uns wurde gelehrt, ihm zu sagen: „Heb dich und wirf dich ins Meer!" (Markus 11,23). Angst ist das destruktivste Element der menschlichen Persönlichkeit, und sie ist ein Feind des Christen. Deswegen wird uns gesagt „Fürchtet euch nicht!" (Johannes 14,27).

Eine lebhafte Vorstellungskraft kann eine Quelle von Angst sein, aber sie könnte auch die Lösung sein. Römer 8,31 sagt: „Ist Gott für uns, wer kann wider uns sein?" Wenn wir unsere Gedanken mit der Tatsache erfüllen, dass Gott für uns ist, können wir die Furcht besiegen. Wenn unsere Gedanken voll von Gott sind, dann ist da kein Platz für Sorge und Angst vor der Antwort auf eine Einladung. Gott hat uns die Lösung für die Furcht in uns gegeben. Wir müssen vielleicht mit dem Glauben von der Größe eines Senfkornes beginnen. Aber selbst dieser Glaube ist groß genug, wenn wir der Furcht begegnen. Ein kleiner Glaube wird kleine Ergebnisse bringen, aber er wird Sie in die richtige Richtung bewegen. Früher oder später führt das zu einem mittelgroßen Glauben mit mittlerem Ertrag, was dann zu größerem Glauben führt, der noch größere Folgen hat. Wir können die Furcht nutzen, um tatsächlich eine tiefere Beziehung zu Gott aufzubauen.

Gott hat durch die Kraft des Heiligen Geistes alles Potenzial in uns hineingelegt, das wir brauchen, um ein schöpferisches Glaubensleben zu führen. Das zu lehren, wird aber nicht genug sein. Der Ökonom J.K. Galbraith hat Folgendes beobachtet: „Vor die Wahl gestellt, ihre Meinung zu ändern oder zu beweisen, dass dazu kein Anlass besteht, entscheiden sich die meisten für Letzteres."[6]

Wir verbringen so viel Zeit damit, unsere Kirchengebäude zu renovieren und aufzupolieren. Was wir wirklich tun müssten, ist, immer wieder, unser Denken aufzupolieren. Die Kultur der Angst zu besiegen, wird ein andauernder Kampf bleiben, an dem sich Verantwortliche in der Leitung von Gemeinde und Kirche regelmäßig beteiligen müssen.

Unter all diesen Predigtthemen liegt das wahre Thema, das Menschen davon abhält, ihre Freunde in die Kirche einzuladen – und es ist der Schlüssel, um zum Einladen zu bewegen: Es geht darum, zuzugeben, dass es ein Problem gibt und um Vergebung zu bitten – Vergebung dafür, dass wir nicht die Dinge tun, die wir tun sollten. Meine Erfahrung sagt, dass die Wirkung unserer Einladung eingeschränkt ist, wenn wir nicht um Vergebung bitten. Im Moment erkennen wir aber nicht einmal, dass wir nicht einladen, und das ist etwas, wofür wir dringend Buße tun müssen.

Ich frage dann bei meinen Seminaren: „Wie wurden Sie anfangs zum Gottesdienst eingeladen?"

Das ist ein weiteres großes Entdeckungswerkzeug, um Gemeinden zu helfen, ihre Einladungskultur freizusetzen.

Viele Gemeindemitglieder werden zunächst überhaupt nicht daran denken, dass sie selbst eingeladen wurden. Viele von uns halten sich für Geburts- oder Säuglingschristen, die schon im Mutterbauch auf den Gottesdienst reagiert haben. Allerdings wurden wir eingeladen – von unseren Eltern. Viele Eltern laden heutzutage ihre Kinder nicht mehr in die Kirche ein, aber ihre Eltern haben sie eingeladen.

---

6   J.K.Galbraith: „Economics, Peace and Laughter: A Contemporary Guide", Harmondsworth, Penguin, 1975, Seite 50.

Wenn wir einmal verstehen, dass wir durch Einladung gesegnet wurden, dann geben wir diesen Segen der Einladung vielleicht auch weiter in den restlichen Jahren unseres Lebens.

Die Antworten auf „Wer hat Sie eingeladen?" sind so unterschiedlich, dass ich nicht anders kann als mir Gott dabei vorzustellen, wie er die unzähligen Wege plant, den unterschiedlichen Menschen zu helfen, mit seinem Volk in Kontakt zu kommen.

Was sind die Gründe, warum Menschen auf die Frage, ob sie mit in die Kirche gehen, mit „Ja" antworten? Hier sind nur einige der Gründe, von denen ich gehört habe, und nicht alle Antworten sind gleich gut.

- Zwischenmenschliche Anziehungskraft: „Da war ein wunderschönes Mädchen / ein wunderschöner Junge, und ich wusste, ich muss in die Kirche gehen, um die Chance zu bekommen, mit ihr / ihm auszugehen."
- Reingelegt werden: „Ich wurde zum Abendessen eingeladen, und dann habe ich gemerkt, dass das eine kirchliche Veranstaltung ist."
- Fußball: „Die Kirchengemeinde hatte eine Fußballmannschaft, und ich musste in die Kirche gehen, um mitzuspielen."
- Gut singen können: „Mir wurde gesagt, dass der Kirchenchor für eine kurze Übergangszeit verzweifelt einen Sopran gesucht hat."
- Organisationen mit Uniformen: „Wir sind mit den Pfadfindern in die Kirche marschiert."
- Kinder: „Es war Zeit, meine Kinder zur Kirche zu bringen, so wie auch ich früher mitgenommen wurde."

Ein letzter Gedanke: Wer hat Sie in die Kirche eingeladen? Bitte schreiben Sie diesen Personen einen Brief, um sich bei ihnen zu bedanken (auch wenn es Ihre Eltern gewesen sind).

KAPITEL 3

Wie einladend sind Sie?

Ich habe noch nie jemanden getroffen, der zugibt, in eine Kirche zu gehen, die nicht einladend ist. Dennoch wissen wir alle, dass es solche Gemeinden gibt. Tatsächlich glaube ich, dass christliche Gemeinden eine institutionell schlechte Willkommenskultur haben. Nun könnten Sie das lesen und denken: „Meine Kirche ist aber einladend, vielen Dank dafür." Doch kommen Sie mit mir auf eine Reise, auf der ich Ihnen einige Begrüßungen zeigen werde, die ich so in Kirchen erlebt habe. Dann denken Sie noch einmal darüber nach, ob Ihre Kirche wirklich einladend ist.

Sind sie Gast oder Gastgeber in Ihrer Kirche? Es gibt einen großen Unterschied zwischen diesen beiden Rollen. Wenn ich zu Ihnen nach Hause käme, dann wäre ich der Gast und Sie wären der Gastgeber. Sie würden dafür sorgen, dass ich mich willkommen fühle; vielleicht würden Sie mir eine Tasse Kaffee anbieten und fragen, ob ich etwas essen wolle. Nun übertragen Sie dieses Gast-Gastgeber-Prinzip auf die Kirche. Können Sie sich sicher sein, dass ein Wildfremder, der am kommenden Sonntag den Gottesdienst in Ihrer Kirche besuchen möchte, von einem Ihrer Gemeindemitglieder gastfreundlich empfangen werden würde? Und ich meine nicht nur das Begrüßungsteam, sondern irgendein beliebiges Gemeindemitglied. Erinnern Sie sich daran, in Ihrer Kirche willkommen geheißen worden zu sein?

Ich war in Nordamerika unterwegs und auf der Suche nach einer Kirche für den Sonntagmorgen. Ich beschrieb einem Freund die Art

Kirche, in die ich gerne gehen würde; irgendwo, wo man eine gute Predigt und einen aufheiternden, musikalischen Gottesdienst erleben kann. Mein Freund schlug mir einige Kirchen vor, eine mit einem begnadeten Bibellehrer und eine andere mit einem wundervollen musikalischen Gottesdienst, und sagte, ich könne die beiden verbinden, da einer um neun und der andere um elf Uhr morgens beginne und die Kirchen nur zehn Minuten zu Fuß voneinander entfernt wären. Ich ging also zu dem ersten Gottesdienst, 500 Leute waren da, und die Predigt war inspirierend. Dann lief ich zehn Minuten zum zweiten Gottesdienst, der ebenfalls von 500 Leuten besucht war; und dieser musikalische Gottesdienst war belebend. Doch über den gesamten Morgen hinweg wurde ich, in beiden Kirchen zusammen, nur ein einziges Mal angesprochen. Das Ganze lief folgendermaßen ab:

Im zweiten Gottesdienst bat der Leiter des Gottesdienstes die Gemeinde, sich „an die Person neben Ihnen zu wenden und sich vorzustellen". Ich weiß nicht, wieso dieser Spruch nicht in den Schriften des Apostels Paulus enthalten ist, denn er wird heutzutage öfter wiederholt als so manche Passagen aus der Bibel (Nebenbei, was sagt es denn aus, dass der Gottesdienstleiter sich so sicher war, dass das nicht bereits vorher geschehen war). Also wendete ich mich dem jungen Mann neben mir zu und stellte mich vor. Ich erklärte ihm, weshalb ich im Land war, und er erzählte mir ein bisschen über die Kirche. Dann forderte der Gottesdienstleiter wieder unsere Aufmerksamkeit für den Gottesdienst. Das war das einzige Mal in beiden Gottesdiensten, dass jemand mit mir gesprochen hat, und es ist nur passiert, weil dazu aufgefordert wurde. Ich blieb nach beiden Gottesdiensten zum Kirchenkaffee und stand herum, doch niemand kam auf mich zu. Auf meinem Weg nach draußen entdeckte ich in der zweiten Kirche einen Willkommens-Tisch, also ging ich hin, legte meine Hand auf ihn und sagte: „Danke, dass wenigstens du mich willkommen geheißen hast." Verstehen Sie, wenn wir schon keine Gemeinde von Gastgebern haben, können wir zumindest einen Willkommens-Tisch anschaffen!

Also sind wir nun Gäste oder Gastgeber in unseren Gemeinden? Wir können bereits seit fünf, zehn, fünfzehn oder zwanzig Jahren in unserer Kirchengemeinde sein und uns immer noch wie Gäste benehmen. Ich glaube, die Idee des persönlichen Christentums ist viel zu weit gegangen. Ich würde es egoistisches Christentum nennen, denn wie es scheint, geht es dabei immer nur um mich. „War die Predigt heute hilfreich für mich? Haben die Lieder dazu beigetragen, dass ich mich besser fühle?" Was ist mit der Idee des Leibes Christi geschehen? Und damit, dass wir alle Teil dieses einen Leibes sind? Wissen wir, wie wir uns in unseren Kirchen als Gastgeber einbringen können, oder sind wir nur daran interessiert, Gäste zu sein?[7]

Ich habe gehört, dass Besucher, die in eine Kirche kommen, in den ersten 30 Sekunden entscheiden, ob sie je wiederkommen werden. Wie sollten wir also diese ersten 30 Sekunden gestalten? Lassen Sie mich zeigen, wie wir es allzu oft regeln. Wir regeln es mit einem Dienstplan. Wir suchen nach Freiwilligen, einziges Kriterium: ein Puls. Wir nennen es eine Pflicht, wenn es eigentlich ein Dienst ist. Jemand erzählte mir, dass, nachdem sie berichtet hatte, dass sie neu in der Kirche war und schlecht empfangen wurde, ein Kirchenmitglied zu ihr sagte: „Ich hätte Sie ja willkommen geheißen, aber ich war an dem Sonntag nicht im Dienst!"

Wenn es ums Begrüßen geht, so müssen manche Leute übermäßig, andere sehr zurückhaltend willkommen geheißen werden, doch um den Unterschied zwischen diesen beiden und allen anderen Arten dazwischen feststellen zu können, braucht es Menschen mit fantastischer Menschenkenntnis und sozialer Kompetenz. Doch wie in so vielen Bereichen des Kirchenlebens geben wir uns auch hier mit dem Nächstbesten zufrieden und bitten um Freiwillige, statt herauszufinden, wer die großartigen Begrüßer unter uns sind, damit sie sich in ihrem Dienst entfalten können. Verstehen Sie, wenn man ein Schichtsystem hat, ist es sehr schwierig zu wissen, ob jemand neu oder schon seit ein paar Wochen da ist, wenn man selbst in der Zeit

---

7 Weiteres zu diesem Thema: Bob Jackson und George Fisher: „Everybody Welcome", London: Church House Publishing, 2009.

nicht im Dienst war. Ich kenne jemanden, der in einem sehr schicken Restaurant gearbeitet hat. Jeden Tag wurde das Personal intensiv auf den Abend vorbereitet, indem sie darüber informiert wurden, wer an dem Abend dort essen würde, wie oft diese Leute vorher schon da gewesen waren und wie die Bedienungen sie möglichst persönlich empfangen könnten. Unsere Kirchen könnten viel von diesen Restaurants lernen! Wir müssen zuerst unser Denken, dann unser Handeln in diesem Bereich ändern. In den zwölf Schritten (Kapitel 4) und den zehn Schlüsseln (Kapitel 9) mache ich einige praktische Vorschläge, wie man das machen könnte.

Leider kann es für Menschen, die das erste Mal in eine Gemeinde kommen, noch schlimmer kommen, als nur ignoriert zu werden. Oft schaffen wir es nämlich, die mürrischsten Leute im Begrüßungsteam einzusetzen, solche, die den Leuten nur ein Buch in die Hand drücken und sie angrummeln. Eltern wissen, dass man mit seinen Kindern wundervolle Unterhaltungen führen kann, bis sie 12 Jahre und 364 Tage alt sind, doch an diesem 365sten Tag passiert etwas Eigenartiges, und aus normalen Unterhaltungen werden, wenn man Glück hat, einsilbige Antworten. Einige Menschen in den Begrüßungsteams scheinen sich in Teenager zurück zu verwandeln, wenn sie diesen Dienst übernehmen. Sie werden unfähig, jegliche Art von Unterhaltung zu führen, geschweige denn jemanden herzlich zu begrüßen.

Verantwortliche in der Gemeindeleitung haben mir erzählt, dass ihre Gemeinde den Begrüßungsdienstplan dazu benutzt, Menschen durch diese Aufgabe dazu anzuregen, selbst in die Kirche zu gehen. Und ich habe tatsächlich gesehen, wie mancherorts die Leute nur dann auftauchen, wenn sie eingeteilt sind. Die verrückte Welt der Kirche!

Wenn Menschen neu zum Gottesdienst kommen, müssen sie sich auch manchmal mit einer „Selbstbedienungs-Begrüßung" zufriedengeben. Nämlich dann, wenn sie zwanzig Minuten früher, oder zehn Minuten später ankommen. Pastoren erzählten mir, dass sie manchmal zehn Minuten nach Beginn des Gottesdienstes neue

Besucher hinten in der Kirche sehen, die versuchen, herauszufinden, welches Buch sie brauchen und ihre Hälse recken, um sehen zu können, wo noch Plätze frei sind. So etwas passiert, weil das Begrüßungsteam seinen Dienst beendet hat und nun die Neuankömmlinge entspannt ignoriert. Der Gottesdienstleiter versucht dann verzweifelt, das Folgende zu vermitteln, ohne ein Wort zu sprechen: „Könnte bitte einfach jemand aufstehen und den Leuten am Eingang behilflich sein?"

Ich weiß, dass viele Kirchen mittlerweile ein Begrüßungsteam haben, das sogar mit Namensschildern ausgestattet ist, die es den Besuchern leichter machen, sich die Namen zu merken, doch meistens gibt es immer noch einen Dienstplan, da die Verantwortlichen in der Gemeindeleitung der Meinung sind, sie können unmöglich jede Woche die gleichen Leute darum bitten, diese „Pflicht" auszuführen. Der Gedanke dabei ist: Wie können diese Leute denn die Kirche genießen, wenn sie jede Woche diesen Dienst ausüben müssen?

Ich wäre zum Beispiel ein hoffnungsloser Fall in einem Begrüßungsteam, denn immer, wenn ich einen Namen höre, geht der zum einen Ohr rein und zum anderen wieder raus. Es kann sehr peinlich werden, wenn man sich keine Namen merken kann. Es gibt einen Mann in meiner Gemeinde, der mir seinen Namen schon einmal gesagt hat, zu dem ich wirklich hingehen und sagen sollte: „Tut mir leid, wie war noch mal Ihr Name?" Doch ich kenne ihn bereits so lange, dass ich mich nicht traue! Teilt mich also nicht für das Begrüßungsteam ein! Setzt stattdessen die Leute ein, die in diesem Bereich begabt sind und sich sicher freuen, wenn ihre Fähigkeiten anerkannt und zum Einsatz gebracht werden.

Im Theater sind die Plätze ganz vorne am begehrtesten, doch wenn man in die Kirche geht, füllen sich die Reihen von hinten nach vorne. Man kann in jeder Kirche zwei Stuhlreihen aufstellen und sich sicher sein, dass die hintere immer zuerst besetzt wird – so sicher wie der Sommer auf den Frühling folgt. Es gibt einige mögliche Gründe für dieses Phänomen. Vielleicht wollen die, die in den letzten Reihen sitzen, alles im Auge behalten und kommen früher, um die besten Plätze zu ergattern. Außerdem will niemand ganz vorne sitzen, um nicht zu übereifrig zu wirken. Viele Pfarrer und Pastoren haben reihenweise leere Stühle vor sich, während der Großteil der Gemeinde im hinteren Bereich des Kirchengebäudes sitzt. Weil aber alle Plätze hinten bereits besetzt sind, müssen Besucher, die das erste Mal da sind und im Allgemeinen nicht auffallen wollen, den Gang nach vorne laufen (einige nennen das den „Weg des Verderbens"!), vorbei an vollen Sitzreihen, bis sie die leeren Plätze vorne erreichen.

Wenn man neu ist und ganz vorne sitzen muss, ist es schwieriger, dem Gottesdienst zu folgen, da man niemanden sieht, an dem man sich orientieren kann. Jemand schlug mir einmal Rückspiegel vor, damit man sehen könne, wann man aufstehen oder sich hinsetzen sollte. Wenn wir also bedenken, dass unsere neuen Besucher sich bereits dadurch bloßgestellt fühlen, weil sie ganz nach vorne laufen müssen, und wir sie dann auch noch über Handtaschen stolpern und über Kirchenmitglieder klettern lassen, die gerne am Rand sitzen, um später schneller rauszukommen, dann können wir uns sicher sein, dass wir sie nie wiedersehen werden. Um das zu umgehen, könnten wir ja vielleicht die ersten beiden Sitzreihen zu einer Zone erklären, wo es keine Klingelbeutel, Kollekten oder Ähnliches gibt, und sehen, ob sie sich dann schneller füllen?

In vielen unserer historischen Kirchen müssen Menschen, die das erste Mal kommen, noch die komplizierte „Politik des Systems der Kirchenbänke" lernen. Wir bezahlen zwar nicht mehr für unsere Bänke, doch wir haben alle schon diesen Anflug von Verrat gespürt, wenn jemand anderes auf unserem Stammplatz in der Kirche saß.

Ich mache immer den Fehler, inmitten der Gemeinde zu sitzen, wenn ich in einer Kirche predigen soll. Fünf Minuten vor Beginn ist noch genügend Platz frei, doch eine Minute vor Beginn kommt eine fünfköpfige Familie den Gang entlang geschlendert und ist entsetzt von dem Anblick, der sich ihnen bietet. Jemand (d.h. ich) hat ihre

Reihe besetzt! Nach einigem Zögern versuchen sie entweder ihr Möglichstes, ihren Platz zurückzuerobern, indem sie sich vorbei quetschen, oder sie setzen sich unter nicht ganz stummem Protest eine Reihe weiter nach hinten. Den Gottesdienst können sie deshalb in dieser Woche unmöglich genießen, und in Gedanken schreiben sie bereits den Brief, in dem sie die Leitung der Gemeinde auf den Vorfall aufmerksam machen werden. Denken Sie übrigens nicht, dass das Abschaffen der Kirchenbänke das Problem beseitigen würde. Menschen sind wie Brieftauben, wenn es um Kirchenplätze geht. Sie werden immer ihr Nest finden und es dann gegen Fremde verteidigen. Ein Bischof berichtete mir, dass er in der Gemeinde saß und mit zum Gebet gesenktem Kopf auf den Beginn des Gottesdienstes wartete, als ihm jemand auf die Schulter tippte und sagte: „Sie sitzen auf meinem Platz." Er hob den Kopf und hörte die Dame schreien: „Oh nein – es ist der Bischof!"

Ich war schon immer der Meinung, dass wir einmal einen Fotografen an zwei aufeinanderfolgenden Sonntagen in die gleiche Kirche schicken sollten, um an beiden Tagen ein Foto von der Gemeinde zu machen. Dann könnten wir „Finde den Unterschied" spielen! Doch neulich wies mich jemand darauf hin, dass viele Leute glauben, dass regelmäßige Anwesenheit „einmal im Monat" bedeutet, und es deshalb nicht funktionieren würde.

Nach dem Gottesdienst haben wir beim Kirchenkaffee noch eine Chance, dass sich die Leute richtig willkommen fühlen. Das ist die Zeit, in der die Neuen die Gemeinde richtig kennenlernen können – das ist zumindest die Idee, oder nicht? Nein, das glaube ich nicht! Es ist die Zeit, in der die Neuen sorgsam ignoriert werden. Mir wurde erzählt, dass es in einer Gemeinde Tradition sei, dass eine unbenutzte Kaffeetasse als „Gott sei Dank" bezeichnet würde – so wie, „Gott sei Dank für alle Tassen und Untertassen, die nicht benutzt wurden"! Gibt es ein besseres Beispiel dafür, wie sich eine Kirche selbst zum Aussterben verdammt?

Wie sieht eine Willkommenskultur eigentlich aus? Würden Sie Leute zu sich nach Hause einladen, eine Stunde mit ihnen reden und ihnen dann auf dem Weg nach draußen Kaffee anbieten? Ich sage nicht, dass wir vor dem Gottesdienst Kaffee brauchen (auch wenn starkes Koffein viele von uns wachhalten würde), aber es ist eine gute Idee, zu verstehen zu versuchen, wie Willkommenskultur aussehen würde, wenn wir bei Null anfangen würden.

Ich habe einmal großen Ärger bekommen, weil ich die Idee eines „Donut Sonntags" in meiner Kirchengemeinde einführte. Jeden fünften Sonntag kaufte ich kistenweise Donuts; wir machten das bekannt, und die Leute fingen an, ihre Freunde und speziell Kinder mitzubringen. Es lief alles gut, bis ein Teil der Marmelade aus den Donuts lief, sich ihre Freiheit suchte und diese auf dem Kirchenteppich fand. Bevor irgendjemand einen Verantwortlichen aus der Gemeindeleitung rufen konnte, um das Problem zu beseitigen, blieb eine der Damen aus der Gemeinde auf dem Marmeladenfleck kleben. Wir konnten es vermeiden, den Notfalldienst rufen zu müssen, aber wie Sie sich vorstellen können, brach eine rasche Diskussion aus, und der Donut Sonntag ward nicht mehr!

Wir müssen beim Thema „Willkommen" mutig und innovativ sein. Es ist eine grandiose Gelegenheit, Gastfreundschaft zu zeigen. Erinnern Sie sich daran, wie die Jünger die ganze Nacht gefischt hatten, dann kamen sie zurück, und sie trafen Jesus dabei an, wie er am Ufer Fische für sie zubereitete. Sie waren überglücklich, ihn zu sehen. Das zeigt die Wirkung der Gastfreundschaft und die große Rolle, die gutes Essen bei der Willkommenskultur spielen kann.

Welche Botschaft vermittelt die Kirche der Öffentlichkeit in Bezug auf Gastfreundschaft? Wir schwingen große Reden, aber die Wahrheit ist, dass wir alle wissen, dass wir zu beschäftigt sind. Eine Initiative folgt der anderen, und manchmal bleibt keine Zeit für Interessierte, oder um überhaupt zu den Suchenden zu gehen.

Ein altes Sprichwort besagt, dass Arbeit sich ausdehnt, um alle verfügbare Zeit in Anspruch zu nehmen. Das trifft sehr stark auf die Kirche zu. Es scheint nie genug Zeit zur Verfügung zu stehen, um hochwertige Gastfreundschaft zu schaffen oder um unsere Willkommenskultur den Personen anzupassen, die wir begrüßen, weil wir alle mit dieser oder jener Sache beschäftigt sind. Ich frage mich oft, ob Gott mindestens ein paar Monate vorher Bescheid gegeben werden muss, wenn er einer unserer Bitten nachgehen soll. Immerhin ist Gott wahrscheinlich noch beschäftigter als das durchschnittliche Mitglied eines gemeindlichen Leitungsgremiums. Die Willkommenskultur beginnt in dem Moment, in dem jemand auch nur an der Kirche vorbeiläuft. Was sagen unsere Aushänge unseren Nachbarschaften? Eines der meistbekannten und am häufigsten gesehenen Schilder an einer Kirche ist „Reserviert für Kirchenbesucher". Was heißt „Kirche" hier? Sprechen wir von der Kirche als Gebäude, Kirche als Gottesdienst oder Kirche als Gemeinschaft Gottes? Schilder wie diese können den Gedanken, dass man sein ganzes Leben im Griff haben muss, bevor man zur Kirche gehen kann, und dass man dort nicht hingehört, in den Köpfen der Menschen verstärken. Ich habe von vielen Menschen, die einen Schritt auf die Kirche zugemacht haben, gehört, dass sie sich wie Heuchler vorkamen, wenn sie in die Kirche gingen, da ihr Leben dem Bild, das sie von einem typischen Kirchgänger hatten, nicht gerecht wurde (Fünf Minuten mit dem Großteil unserer Gemeinden würden diesen Gedanken sofort auslöschen!). Wir haben schon fast ein Kirchen-Ghetto erschaffen, das sich vom Rest der Gesellschaft abtrennt. Wir müssen auf die Botschaften achten, die unsere Schilder den Menschen vermitteln. Manchmal senken unsere Schilder die Erwartungen der Leute. Manche Leute haben so geringe Erwartungen, dass sie positiv überrascht werden, wenn sie uns doch einmal besuchen!

Doch lasst uns einmal annehmen, der neue Besucher fühlt sich endlich wohl und wurde gut willkommen geheißen, was passiert nun mit ihm? Nun muss er sich der undurchschaubaren Sprache der Kirche stellen. Vielleicht gibt es die Annahme, dass jeder weiß, was vor sich geht, oder es herrscht ein grundsätzlicher Mangel an Wahrnehmung dafür, dass jemand Neues im Gottesdienst sein könnte. Die Gottesdienste finden zwar nicht mehr auf Latein statt, aber manchmal scheint es trotzdem noch so.

Es ist kein schönes Gefühl, hastig durch einen Haufen Bücher zu blättern, ohne zu wissen, auf welcher Seite man sich befinden sollte. Dessen müssen wir uns bewusst sein und den Leuten bei ihrem ersten Besuch von Anfang an spezielle Hilfe gewährleisten.

Impulse zum Nachdenken:

Würden Sie, nachdem Sie dieses Kapitel gelesen haben, Ihre Gemeinde immer noch als gastfreundlich bezeichnen? Oder würden Sie zugeben, dass wir alle in Gemeinden sind, in denen die Willkommenskultur verbessert werden könnte? Es kann eine gute Übung für ein Leitungsteam sein, regelmäßig die Qualität der Gastfreundschaft zu überprüfen, indem man sich diese vier einfachen Fragen stellt:
- Wie sieht unsere Gastfreundschaft vor dem Gottesdienst aus?
- Wie sieht unsere Gastfreundschaft während des Gottesdienstes aus?
- Wie sieht unsere Gastfreundschaft nach dem Gottesdienst aus?
- Wie sieht unsere Gastfreundschaft nach dem Sonntag aus?

Sie können auch einen geheimen Besucher im Abstand von sechs Monaten beauftragen, den Gottesdienst zu besuchen, um eine unabhängige Perspektive zu erhalten. Vergessen Sie auch nicht zu fragen, ob die Neuen Ihre Kirche auf einer Skala von eins bis zehn an ihre Freunde und Familie weiterempfehlen würden.

KAPITEL 4

In 12 Schritten zur einladenden Gemeinde

In den ersten Jahren der „Back-to-Curch"-Sonntag Initiative ist mir aufgefallen, dass viele Gemeinden das Ganze einmal ausprobiert haben, als aber ihre Besucherzahlen nicht zugenommen haben, haben sie entschieden, dass es nicht funktioniert und haben es deshalb im folgenden Jahr gar nicht erst wieder versucht. Im zweiten Jahr tendieren die Ergebnisse im Allgemeinen dazu, nachzulassen, und viele Gemeinden beenden daher ihre Teilnahme. Auf der einen Seite ist die Idee, an einem bestimmten Tag im September einen Einladungs-Sonntag zu gestalten, immer weitergewachsen, bis über 6000 Gemeinden mitgemacht haben, auf der anderen Seite gab es aber auch diese enttäuschenden Zahlen.

Eines Tages bin ich mir dessen bewusst geworden, und so schrieb ich einigen der Verantwortlichen in Gemeinden, mit denen ich vielerorts in Großbritannien zusammengearbeitet hatte. Ich sagte ihnen, dass ich auf der Suche nach Leuten sei, die einen Einladungs-Sonntag ausprobiert hatten, bei denen es aber nicht funktioniert hatte. Ich sagte, dass ich mit diesen Menschen in Kontakt kommen möchte, um daran zu arbeiten, ihre Gemeinde an einem Tag zu verdoppeln. Ich habe die E-Mail losgeschickt und habe es sofort bereut, denn ich war nicht sicher, ob ich überhaupt wusste, wie man eine Gemeinde an einem einzigen Tag verdoppeln kann.

Glücklicherweise wurde ich nicht gerade von Leuten, die mitmachen wollten, überrannt.

Aber schließlich meldeten sich 25 Verantwortliche aus Gemeindeleitungen.

Meine Idee war, dass ich im Vorfeld des Einladungs-Sonntages mit jedem der Leiter vier zehnminütige Telefongespräche führen würde. Es würde einen Anruf im Juni geben, einen im Juli, einen im August und einen im September. Am Abend vor dem ersten Anruf geriet ich in Panik, habe mein großes Mundwerk bereut, und mich gefragt, was um Himmels willen ich denn bei dem Gespräch sagen würde. Aber dann erinnerte ich mich an ein Gedicht namens „Glaubenssystem" von Charles Reade:

Wenn du eine Überzeugung akzeptierst,
erntest du einen Gedanken.
Wenn du einen Gedanken säst,
erntest du eine Haltung.
Wenn du eine Haltung säst,
dann erntest du eine Handlung.
Wenn du eine Handlung säst,
erntest du eine Gewohnheit.
Wenn du eine Gewohnheit säst,
erntest du Charakter.
Wenn du Charakter säst,
erntest du Schicksal.[8]

Ich war vom Wort „Gewohnheit" fasziniert. Ich habe die Bedeutung im Wörterbuch nachgeschlagen, und dort wurde „Gewohnheit" beschrieben als „ein erworbenes Verhaltensmuster, das automatisch geschieht." Der englische Poet John Druyden sagt: „Wir formen erst unsere Gewohnheiten, und dann formen unsere Gewohnheiten uns."[9]

---

8   Das Gedicht „Belief System" wird Charles Reade zugeschrieben, aber es ist an anderen Stellen anderen Menschen zugeordnet.
9   John Druyden, zitiert in Stephanie Goddard: „101 Ways to Love Your Job", Naperville: Sourcebooks, 2008.

Obwohl es die meisten von uns nicht gerne zugeben, so sind wir doch alle Gewohnheitstiere.

Im Moment gehört es für unsere Gemeinden aber nicht zur Gewohnheit, Menschen einzuladen.

Ich trank ein Glas Rotwein und habe im Internet nach Beispielen gesucht, wo das Wort „Gewohnheit" erwähnt wurde. Dabei stieß ich auf die Internetseite der „Anonymen Alkoholiker" (Man hat mir gegenüber angedeutet, dass Gott dadurch zu mir wegen des Rotweines gesprochen haben könnte!). Die Internetseite schlug ein 12-Schritte-Programm vor, um eine Gewohnheit abzulegen. Das hat bei mir die Frage angestoßen, ob es ein 12-Schritte Programm geben könnte, die Gewohnheit, eine nicht-einladende Kirche zu sein, abzulegen. Ich habe schnell die 12 Schritte aufgeschrieben, von denen ich dachte, dass sie die richtigen sein könnten. Dann bin ich beruhigt schlafen gegangen in der Gewissheit, am nächsten Tag etwas mit den Verantwortlichen der Gemeindeleitung besprechen zu können.

Das „Glaubenssystem"-Gedicht lehrt uns, dass wir unser Schicksal ändern können, indem wir unser Denken verändern. Die 12 Schritte sind ein Weg, die Kirche zu ermutigen, sich zu einer einladenden Mission hin zu bewegen.

Es ist jedoch wichtig zu bemerken, dass die 12 Schritte zwar eine Strategie sind, jedoch gibt es auch die Aussage „Kultur verspeist Strategie zum Frühstück"[10]! Das erklärt, warum konzentrierte Einladungs-Sonntage in manchen Gemeinden nicht funktioniert haben. Eine Gemeinde kann eine noch so gute Strategie haben, die beinhaltet, dass die Personen der Gemeindeleitung euphorisch dazu aufrufen, Freunde, Familien oder Nachbarn in den Gottesdienst einzuladen, doch im häufigsten Fall tun das nur sehr wenige Gemeindemitglieder.

Im Laufe der Jahre hatten Gemeinden eine Initiative nach der anderen mit der Strategie, zur Einladung zu dieser oder jener Veranstal-

---

10 Ich wurde aufmerksam auf diesen Ausspruch durch Pfr. Paul Vrolijk, Anglikanischer Geistlicher für Aquitanien in Frankreich.

tung zu ermutigen, und trotzdem brachte diese Strategie manchmal nur wenig oder keine Frucht.

Das Problem ist wieder, dass „Kultur Strategie schon zum Frühstück verspeist". Kultur sagt uns, wie wir Dinge hier bei uns tun und wir bleiben dabei.

Offen gesagt sind wir eine Generation von Christen, die keine Übung darin hat, einzuladen. Wir müssen also herausfinden, warum die Gemeinde ihre Freunde nicht einlädt oder nicht einladen wird. Das nenne ich „den Boden aufwühlen". Bevor ein Landwirt den Samen sät, wird er einen Traktor benutzen, um den Boden umzupflügen. Bevor das nicht ordentlich erledigt ist, kann der Samen nicht richtig gepflanzt werden. Die Art, wie wir gerade in der Kirche denken – das ist der Boden. Wir müssen die Art des Denkens aufwühlen, indem wir den Boden umpflügen. Das schafft die Möglichkeit, dass gutes Denken gepflanzt wird.

Wenn wir nicht zuerst diesen wichtigen Arbeitsschritt tun, wird alle Strategie begeisterter Einladung nur durch die gegenwärtige Kultur, die Einladung fürchtet und ablehnt, zunichtegemacht werden.

Ich habe einmal eine Frau auf einem Seminar gefragt, warum sie bisher noch nie eingeladen hatte. Nachdem sie eine halbe Minute erstarrt war, sagte sie, dass es sich einfach nicht richtig anfühle. Sie ist nicht die einzige, die vor Furcht gelähmt ist. Meistens ist es nicht das Scheitern, das uns zurückhält, sondern die Erwartung, abgelehnt zu werden.

Furchtsamkeit ist ein Gebrechen, das geheilt werden kann, aber es muss zuerst als Problem erkannt werden. Der beste Anfang ist ein „Es tut mir leid", wie in „Unser Name ist (Bitte fügen Sie hier den Namen ihrer Gemeinde ein), und wir sind keine einladende Gemeinde." Danach können wir unser eigenes 12-Schritte-Programm beginnen. Dramatische Veränderungen könnten folgen.

Hier sind die 12 Schritte, die mir in jener Nacht eingefallen sind. Ich habe seitdem an ihnen gefeilt:

Schritt 1: Vision

Trägt Ihr Feigenbaum Feigen? Bringt Ihr Dienst Frucht? Vergrößern Sie das Reich Gottes Jahr um Jahr?

Ich habe Gemeinden erlebt, die ihre Besucherzahl an einem Tag verdoppelt haben, und am kommenden Sonntag kamen zehn Prozent der Neuen wieder. Sie haben das geschafft, weil sie sich eine Vision hoher Erwartungen zu eigen gemacht hatten. Das ist der erste von drei entscheidenden Schritten, um Ihre Gemeinde zu vergrößern und um Ihrer jetzigen Gemeinde durch die einfache Einladung, einzuladen, dabei zu helfen, in der Nachfolge zu wachsen.

Wenn ich vor Verantwortlichen aus den Gemeindeleitungen spreche, frage ich sie immer: „Würden Sie vor die Gemeinde treten und in etwa Folgendes sagen: ‚Wenn jeder von uns einen Freund einladen würde und diese alle die Einladung akzeptieren würden, dann würden wir unsere Besucherzahl verdoppeln. Lasst es uns tun!'"

Genau an dem Punkt werden viele Menschen normalerweise sagen, warum genau das nicht funktionieren wird, denn wir tendieren dazu, jede neue Idee auf der Basis des Lebens zu bewerten, wie wir es kennen. Aber wenn wir nicht aufpassen, dann werden alle unsere Entscheidungen von vergangenen Erfahrungen bestimmt. Wir müssen neu überdenken, was möglich ist. Die folgenden Sätze sind nur einige der Gründe, die von Menschen genannt werden, die nicht bereit sind, der Einladung eine weitere Chance zu geben:

- „Meine Leute sind alle alt, und ihre Freunde sind alle sowieso Teil der Gemeinde."
- „Wir haben das schon mal probiert."
- „Wir sind nicht gut darin, Leute einzuladen."

Diese Gedanken sind nur dann unser Schicksal, wenn wir es zulassen, dass sie unser Schicksal sind. Wir müssen die Vision, die wir von uns selbst haben, ausweiten und unserer Vorstellungskraft freien Lauf lassen, anstatt unserer Vergangenheit zu erlauben, unsere Zukunft zu bestimmen. Nichts ist unmöglich bei Gott.

Es ist aber sehr nützlich, von Menschen zu hören, warum sie denken, dass die Sache nicht funktionieren wird. Es hilft uns, herauszufinden, wo sich ihre gedanklichen Blockaden in Bezug auf Erfolg befinden. Danach kann man den Menschen helfen zu erkennen, dass diese Blockaden nicht ihr Schicksal sein müssen, es sei denn, sie lassen es dennoch zu, dass sie ihr Schicksal bleiben.

Jeder negative Gedanke muss ersetzt werden durch einen stärkenden Gedanken, wie zum Beispiel:
- „Wir werden lernen, wie man einlädt."
- „Wir werden Gott bitten, dass er uns zeigt, wie wir einladen können."
- „Wir werden Gott fragen, wen wir einladen sollen."

Natürlich sind diese Blockaden oft wie die Balken in unseren Augen: Nur andere können sie sehen.

Wir können alle über das Thema „Vision" predigen. So wie der Prophet Nathan zu König David sagte: „Wohlan, alles, was in deinem Herzen ist, das tu, denn der Herr ist mit dir" (2. Samuel 7,3). Einladung ist eine Möglichkeit, eine Vision in die Praxis umzusetzen und genauso auch Ihr Ansehen und Ihre Karriere aufs Spiel zu setzen.

Ob Sie nun glauben, dass Sie es schaffen können oder nicht – der Erfolg hängt von Ihrer Entscheidung ab. Glauben wir, dass der Herr mit uns ist? Traurigerweise glaube ich, dass wir in der Kirche manchmal verkündigen, dass Gott überall ist, während wir so leben, als ob er tatsächlich nirgends wäre. Gott aber ist hier mit uns. Ich glaube, dass Gott durch das Schreiben dieses Buches gesprochen hat und dass er jetzt spricht, während Sie es lesen (vgl. Psalm 139,7-10).

Ich könnte ein eigenes Buch über die psychosomatische Kirche schreiben. Wir alle kennen psychosomatische Krankheiten – das sind Krankheiten, die körperliche Symptome haben, aber deren Ursprung im Denken und in den Gefühlen liegt. Der Geist vermittelt dem Körper, dass er krank sei, weil der Geist damit zu kämpfen hat, mit einem Problem fertig zu werden. Das ist der Weg des Geistes, einen wissen zu lassen, dass es ein Problem gibt und dass es angegangen werden muss.

Warum die psychosomatische Kirche? Der kontrollierende Kopf ist die Leitung der Kirche, und der Körper ist das Volk Gottes. Wenn der kontrollierende Kopf Notsignale an den Körper schickt, dann wird es dazu führen, dass der Körper sich nicht gesund fühlt. Symptome dieser Krankheit könnten sein:
- Mangel an Erwartung
- Mehr Nett-Sein als Christ-Sein
- Club der 65-85jährigen
- Mission als Beschäftigung einiger weniger
- Unverhältnismäßig starke Konzentration auf Gottesdienste
- Zu beschäftigt damit Gutes zu tun

Ich habe in früheren Kapiteln schon einige Beispiele von Gesprächen mit Verantwortlichen in der Gemeindeleitung erwähnt, die im Laufe der Jahre zur folgenden Frage führten:

„Wie sehen Sie die Zukunft der Kirche?"

Oft bekomme ich Antworten wie diese: „Nun ja, wir befinden uns in einer säkularen Gesellschaft." Oder: „Wir sind in einer post-christlichen Gesellschaft." Worte wie diese, die an den „Körper" der Kirche gerichtet werden und von ihm gehört werden, haben eine lähmende Wirkung.

Es gibt auf allen Ebenen der Kirche Blockaden:
Auf der Ebene der Gemeindeglieder, einschließlich derjenigen, die noch nicht mit uns Gottesdienst feiern; auf der Ebene der Gemeindeleitung und auf der Kirchenleitungsebene, wo die Blockaden eher intellektueller Natur und schon so tief verankert sind, dass fast jeder sie für wahres Evangelium hält. Die Frage ist gar nicht, ob Menschen glauben oder nicht. Das Problem ist, dass die Leute nicht erwarten, dass Gott etwas tun wird, da die jetzige Generation von christlichen Leitungspersonen schon immer mit kontinuierlichem Rückgang konfrontiert war.

Man kann es sich kaum vorstellen, dass Menschen vor dem Kirchengebäude in einer Schlange stehen, in der Hoffnung, dass sie beim Gottesdienst noch einen Platz bekommen. Wir haben keine Erfahrung mit solchen Vorkommnissen. Statt auf so etwas zu warten und dafür zu arbeiten, konzentrieren wir uns darauf, unsere Ressourcen gut zu verwalten und versuchen alles, dass das Geld noch ein wenig länger reicht. Wir trainieren unsere Muskeln nur dafür, den Rückgang zu verwalten.

Die psychosomatische Kirche ist bedauerlicherweise gesund und munter. Wir müssen ihre Kultur verstehen, infrage stellen und dann eine Vision entwickeln, um in die entgegengesetzte Richtung zu gehen.

Kennen Sie schon die alte Geschichte vom Huhn und dem Schwein, die am frühen Morgen eine Landstraße entlanglaufen? Sie werden im Laufe der Zeit immer hungriger. Dann kommen sie an einem Ort vorbei, an dem auf einem Schild steht: „Frühstück – Eier und Speck". Das Huhn sagt ganz eingebildet: „Was wäre dieses Frühstück ohne meinen Beitrag?" Darauf sagt das Schwein: „Für dich ist das in Ordnung! Für dich ist es ein Beitrag, aber für mich ist es totale Hingabe."

Manche Leute haben zu mir gesagt: „Warum müssen wir eine Vision haben und sie in einem bestimmten Zeitplan erfüllt sehen wollen?" Einen Zeitplan zu machen ist wichtig. Jesus hat uns das in der Geschichte vom Herrn und den Dienern im Gleichnis von den Talenten gelehrt (Matthäus 25,14-30). Der Herr spricht zu den Dienern: „Was habt ihr getan in der euch zugeteilten Zeit?" Das ist eine sehr wichtige Frage. In der King-James-Bibelübersetzung ist die Rede davon, dass der Herr mit den Dienern abrechnet. Es ging also um Rechenschaft. Der erste Diener sagte: „Ich habe aus fünf Talenten zehn gemacht." Finden Sie nicht, dass in der Verdopplung von fünf auf zehn eine Bedeutung liegt? Sollten wir eine Verdopplung in einem vernünftigen Zeitrahmen erwarten? Sollte man von uns nicht Fortschritt erwarten?

Der zweite Diener sagte: „Ich habe zwei Talente in vier verwandelt." Denken Sie nicht, dass hier wieder eine Bedeutung in der Verdopplung liegt? Wenn wir sehr viel Zeit haben und es keine Frist gibt, dann besteht die Gefahr, dass alles abdriftet. Deswegen sind kürzere Zeitrahmen gut.

Was sollte nun aber unsere angemessene Reaktion sein, wenn es keine Ergebnisse gibt? Der Herr war wütend auf den Diener, der ein Talent bekam und dieses versteckte. Hat der Feigenbaum Feigen? Es scheint so, dass der Feigenbaum besser Früchte tragen sollte, wenn sein Schöpfer vorbeikommt.

Eine Vision zu haben und sich für die Erfüllung dieser Vision einzusetzen, ist wirklich wichtig.

„Ohne Vision verdirbt der Mensch" – der Körper stirbt. Viele Verantwortliche in der Gemeindeleitung scheitern mit ihren Gemeinden nicht, weil sie sich zu hohe Ziele setzen und diese nicht erreichen, sondern weil sie zu kleine Ziele oder überhaupt keine Ziele haben.

Hier einige Tipps, wie man eine Vision entwickelt:
- Denken Sie in großen Dimensionen bei der Vision, die Sie erreichen wollen.
- Glauben Sie daran, dass Gott Ihnen die Vollmacht gegeben hat, etwas zu bewegen (versuchen Sie, so von sich zu denken, wie Gott von Ihnen denkt).
- Teilen Sie die Vision.
- Gehen Sie los und verwirklichen Sie sie!
- Konzentrieren Sie sich auf die Sache, die absolut wichtig ist.
- Geben Sie niemals auf (nur weil es schwierig wird).

Wir müssen einerseits die Erwartung, dass Gott unsere Gemeinde an einem einzigen Tag verdoppeln will und andererseits die Einsicht, dass Gott uns manchmal durch eine andere unerwartete Antwort segnet, miteinander ins Gleichgewicht bringen.

Bei den meisten von uns wurde die Fähigkeit, etwas zu erwarten, von Jahren der Entmutigung, der Enttäuschung, des Unglaubens, des schlechten Selbstwertgefühls und der Halbwahrheiten, die wir als ganze Wahrheiten akzeptiert haben, entweder gestohlen oder zerstört.

Es ist nicht nur wertvoll, sich das Ziel zu setzen, eine Gemeinde an einem Tag zu verdoppeln, sondern auch, weil wir auf diesem Weg, dieses Ziel zu erreichen, als Person wachsen können.

Ist Ihre Vision letztlich unausweichlich? Werden Sie dafür arbeiten, dass sie in Ihrer Gemeinde umgesetzt wird und dass sie Frucht bringt? Wenn nicht, dann geben Sie sich nicht wirklich hin, und dann werden Sie nicht fähig sein, Ihre Vision umzusetzen.

Schritt 2: Zum „Modell" werden

Ich meine damit jetzt nicht, dass einige der Verantwortlichen als Models auf den Laufsteg gehen sollten. Was ich meine, ist, dass Verantwortliche in der Gemeindeleitung zu mir kommen und sagen: „Das Projekt ‚Back-to-Church'-Sonntag ist eine Zeitverschwendung." und ich sage: „Entschuldigung, aber was war das Problem?" Die Antwort ist: „Keiner hat jemanden eingeladen." Normalerweise frage ich an diesem Punkt behutsam: „Nun, haben Sie denn jemanden eingeladen?"

So klingt „Modell sein" als Verantwortlicher in der Gemeindeleitung: „Ich lade jemanden ein. Werden Sie es auch tun?" Wir sollten unsere Gemeinden äußerst selten bitten, etwas zu tun, wozu wir selbst nicht bereit sind. Gandhi hat es bekanntlich so ausgedrückt: „Sei du selbst die Veränderung, die du dir für die Welt wünschst."

Das einzige, das wir als Gemeindeleitung steuern können, ist, die Gemeinde einzuladen, andere einzuladen und dann unsere eigene Einladung an einen Freund oder besser noch an all unsere Freunde auszusprechen. Was wir nicht steuern können, ist, ob unsere Gemeinde unserem Beispiel folgt oder ob unsere Freunde die Einladung akzeptieren werden. Aber wir können ein Vorbild sein, auch wenn unser Eingeladener „Nein" sagt. Wir stellen die Einladung ins Zentrum, nicht die Antwort auf die Einladung.

Verantwortliche in der Gemeindeleitung müssen führen, indem sie ein Vorbild sind, um auf Worte Taten folgen zu lassen.

In den Evangelien bildet Jesus das Verhalten ab, dem seine Jünger folgen werden. Im Evangelium von Johannes spricht Philippus die gleiche Einladung, bestehend aus drei Worten, an Nathanael aus, mit der er selbst, sowie auch Andreas, eingeladen wurde.

Das Erste, was wir tun können, ist also, das Verhalten vorzuführen, von dem wir hoffen, dass die Menschen es übernehmen.

Eines der modernen Wunder ist, dass sobald ein Mitglied der Gemeindeleitung damit beginnt, mit gutem Beispiel voranzugehen und die Vision zu formulieren, indem er so etwas Ähnliches sagt, wie: „Wenn jeder von uns einen Freund einladen würde, und sie alle zusagen würden, könnten wir unsere Anzahl verdoppeln. Also lassen Sie es uns tun. Ich werde auf jeden Fall jemanden einladen. Sie auch?" – sobald das geschieht, werden 20 Prozent der Gemeindemitglieder sofort wissen, wen sie einladen werden. Das ist ein Wunder, weil sie bisher in dieser Woche wahrscheinlich keinen Freund zum Gottesdienst eingeladen haben. Alles was sie brauchen, ist ein klein wenig Vision und Beispiel. Die beste Form von Leitung geschieht durch Beispiel.

Die schlechte Nachricht aber ist, dass, obwohl Sie als Verantwortlicher der Gemeindeleitung voller Glauben vor Ihre Gemeinde getreten sind und darum gebeten haben, dass die Gemeinde sich verdoppelt, dennoch 80 Prozent der Gemeindemitglieder nicht mitmachen werden. Warum nicht? Nun, wenn Sie sagen: „Wenn jeder von uns einen Freund einladen würde und sie alle die Einladung annehmen würden, würden wir unsere Gemeinde verdoppeln. Also lasst es uns tun. Ich werde auf jeden Fall jemanden einladen, und Sie?" Dann werden 80 Prozent Ihrer Gemeinde sich denken: „Die meinen nicht mich, die meinen die Menschen, die wirklich in der Gemeinde engagiert sind – nicht mich."

Das ist ein sehr bequemer Gedanke für Gemeindemitglieder, wenn wir an Kapitel 2 denken, als wir die Gründe betrachtet haben, warum Christen ihre Freunde nicht einladen. Deswegen müssen Sie Schritt 3 beherzigen.

Schritt 3: Eine Kettenreaktion auslösen

Eine Kettenreaktion auszulösen, bedeutet, sicherzustellen, dass jede einzelne Person einer Gemeinde sich persönlich dazu aufgerufen fühlt, einzuladen. Ich nenne das den exponentiellen Wachstumsschritt, wir könnten es aber auch den Schritt der Nachfolge nennen. Diesen Schritt haben alle ordinierten Menschen in ihrem ursprünglichen Ruf von Gott. Das alles besteht darin, an der Seite von einzelnen Menschen zu sein und ihnen auf ihrer Reise des Glaubens zu helfen. Das ist ein sehr kraftvoller Schritt.

Man muss die Einladung auf die Eins-zu-Eins-Ebene herunterbrechen. Wir meinen oft fälschlicherweise, dass alles, was wir sagen, gehört wird, wenn wir vor vielen Menschen sprechen. Wir könnten meinen, dass sie unseren Aufruf, einzuladen, gehört haben, aber tatsächlich ging es bei 80 Prozent der Menschen zum einen Ohr hinein, zum anderen wieder hinaus. Wir müssen also Menschen persönlich dazu einladen, andere Menschen einzuladen.

Ich höre jetzt schon das Protestgeschrei wegen dieses Vorschlags. Da muss es doch sicher einen weniger zeitaufwendigen Weg geben, oder?

Wenn man zum Beispiel mehrere Gemeinden hat oder eine große Gemeinde, wie soll man das verwirklichen können? Ein Verantwortlicher einer Gemeinde mit über 1000 Mitgliedern im Nordwesten Englands kommentiert dies folgendermaßen:

„Der ganze Prozess war interessant für mich. Ich habe einsehen müssen, dass der zu betreibende Zeitaufwand wahnsinnig groß ist, um Leuten zu vermitteln, welchen Inhalt, welchen Ton und welche Prägnanz die Einladung haben soll, auch wenn man einen klaren vierwöchigen Plan hat. Bei einer oder zwei Gelegenheiten war die Kommunikation nicht so gut, wie ich es gerne gehabt hätte, aber es war dennoch zehn Mal besser als vorher."

Zum einen ist die persönliche Einladung besser als jede andere Form der Einladung. Wenn man zum Beispiel einen Kindergottesdienstmitarbeiter finden will, gibt es drei Wege, sich dieser Aufgabe zu stellen. Erstens könnte man vielleicht für einige der folgenden Wochen eine Notiz am schwarzen Brett im Gemeindehaus aushängen. Zweitens könnte man dafür sorgen, dass es jeden Sonntag im Gottesdienst abgekündigt wird. Oder drittens: Man könnte Gott fragen, wen er möchte, wen man ansprechen soll, und dann geht man auf diese Person zu und fragt sie direkt. Natürlich wird dieser dritte Weg nicht automatisch Erfolg haben, aber es ist wahrscheinlicher als bei den zwei anderen Wegen. Ich bin nicht gegen Abkündigungen oder Notizen am schwarzen Brett, aber das alleine ist nicht so effektiv wie persönliche Einladung. Es ist vielleicht effizienter, aber nicht effektiver.

Die Gemeindeverantwortlichen müssen die Vision annehmen und sie auf eine persönliche Ebene bringen, indem sie zu einzelnen Gemeindemitgliedern gehen und sie einladen, einzuladen. Auch danach werden einige Leute immer noch nicht einladen, aber es ist ein Stück wahrscheinlicher geworden.

Jetzt bleibt die Frage, wie man in einer großen Gemeinde oder mit verschiedenen Gemeinden eine Kettenreaktion auslösen kann. Ich denke, das trifft das Herz von dem, was Kirche wirklich ist – eine Frage, die ich in Kapitel 8 versuche anzusprechen.

Wie wäre es damit, Ihre Vision persönlich mit einer Gruppe von Menschen zu teilen, die sicherstellen können, dass jedes Gemeindemitglied gebeten wird, jemanden einzuladen. Eine Art, auf die man es nicht tun sollte, ist, es im Gottesdienst abzukündigen, und die Menschen zu bitten, sich ihren Sitznachbarn zuzuwenden und sie zu fragen, wen sie einladen wollen oder Karten am Ende des Gottesdienstes zu verteilen. Jemand sagte einmal: „Es gibt keine Ausnahme von der Regel, dass jeder gerne die Ausnahme von der Regel sein möchte." Mit anderen Worten: Jeder will als etwas Besonderes angesehen werden, und genau so sieht uns Gott auch. Wenn wir also versuchen, Menschen zu erreichen, indem wir sie alle in einen Topf werfen, werden wir sie wahrscheinlich gar nicht erreichen.

Auf einer Autoreise in das australische Hinterland machte mich mein Mitfahrer mit folgendem Satz bekannt: „Abkürzungen verursachen Erosion." Dieser Satz hat mich zum Nachdenken gebracht über die Abkürzungen, die wir dabei nehmen, wie wir heute Nachfolge leben. In der Kirche bevorzugen wir im Moment effiziente Leitung statt effektiver Leitung.

Eine Kettenreaktion auszulösen, führt uns zu effektiver Leitung. Die Leitungen unserer Gemeinden nehmen oft eine Abkürzung, wenn es um Nachfolge geht und denken, dass eine Predigt am Sonntagmorgen ausreichend ist, wenn sie es oft tatsächlich nicht ist. Diese Herangehensweise hat eine Erosion verursacht bei der Frage, was es bedeutet, ein Nachfolger Christi zu sein. Jesus hat sehr viel Zeit in einer Eins-zu-Zwölf-Situation mit gelegentlicher Eins-zu-Eins-Lehre verbracht. Vision und Vorbild zu sein muss oft auf die Eins-zu-Eins-Ebene gebracht werden.

Die meisten Mitglieder einer Gemeinde haben nur eingeschränkt Kontakt mit der Gemeindeleitung. Man hat manchmal den Eindruck, als ob es einer Krankheit bedarf, um die maximale Aufmerksamkeit von der Gemeindeleitung zu bekommen. Stellen Sie sich also vor, dass jemand aus der Gemeindeleitung Sie tatsächlich bittet, etwas zu tun. Abgesehen davon, vor Schock ohnmächtig zu werden, würden die meisten von uns wahrscheinlich alles tun, was wir können, um die Bitte zu erfüllen. Manche von uns wären natürlich peinlich berührt, aber trotzdem wären wir insgeheim erfreut, dass wir gefragt wurden.
    Der Schlüssel, die ganze Gemeinde zu mobilisieren, liegt in der Kraft des Eins-zu-Eins. Wir müssen es hinbekommen, dass unsere Gemeindemitglieder sich so wichtig fühlen, wie sie es für Gott sind. Wir müssen ein Selbstbewusstsein in der Gemeinde entwickeln, dass sie alle tatsächlich Botschafter an Christi statt sind.
    Eine der Nebenwirkungen des Einladungs-Sonntages ist, dass einige Gemeindemitglieder an diesem Sonntag nicht kommen, weil sie entweder von einem Freund abgewiesen wurden oder weil sie nicht

den Mut gefasst haben, jemanden zu fragen, und es ihnen deswegen peinlich ist, alleine zu kommen.

Das ist an sich schon sehr traurig, aber es ist noch trauriger, wenn man bedenkt, dass dann weniger Leute nach dem Gottesdienst zum Gespräch für diejenigen da sind, die zur Kirche mitgebracht wurden. Wir können versuchen, das zu verhindern, indem wir die Menschen (und uns selbst) daran erinnern, dass die Einladung selbst der Erfolg ist, nicht die Antwort.

Eine der herrlichen Nebenwirkungen des „Vorbild-Seins" und des „Auslösens einer Kettenreaktion" ist, dass es ein Sicherheitsnetz für Gemeindemitglieder bietet. Denn wenn die Verantwortlichen der Gemeindeleitung Mitglieder persönlich dazu aufgerufen haben, jemanden einzuladen, können diese ihren Freunden bei der Einladung erklären, dass die Gemeindeleitung sie gebeten habe, es zu tun.

Das geht dann ungefähr folgendermaßen: „Ich wollte dich eigentlich gar nicht einladen, aber sie haben mir gesagt, ich solle es tun."

Die Hauptsache daran, dass die Gemeindeleitung die Mitglieder persönlich einlädt, ist, dass die Mitglieder es der Leitung anlasten können!

Um die Furcht vor Einladungen zu überwinden, brauchen Verantwortliche in der Gemeindeleitung breite Schultern, um alle Schuld auf sich zu nehmen, doch es lohnt sich sehr.

Wenn Sie auch sonst nichts tun, so sorgen Sie wenigstens dafür, die Vision zu formulieren, die Vision modellhaft umzusetzen und durch die Vision mit Eins-zu-Eins-Begegnungen eine Kettenreaktion auszulösen.

Schritt 4: Das Geschenk der Freundschaft

Viele von uns denken, dass Freundschaft etwas Gewöhnliches ist. Doch Freundschaft ist etwas Außergewöhnliches. Man kann nicht mit jedem befreundet sein, aber es gibt einige Menschen, zu denen man sich sofort hingezogen fühlt. Es kann unglaublich sein, wenn man jemanden das erste Mal trifft und dabei eine tiefe Freundschaft entsteht. Auch wenn man mit einer engsten Freundin vielleicht schon ein Jahr lang nicht mehr gesprochen hat, kann man das Telefon in die Hand nehmen – vielleicht tun Sie dies ja in dem Moment, in dem Sie diesen Satz hier lesen –, und es wird so sein, als ob Sie erst gestern miteinander gesprochen hätten. Da ist wirklich eine spirituelle Verbindung.

Wir müssen unsere momentane pseudo-großmütige Haltung überwinden, die besagt, dass wir unsere Freundinnen nicht dem Versuch aussetzen wollen, sie in die Kirche mitzunehmen. Wir sollten stattdessen darauf vertrauen, dass die Verbindung stark bleiben wird, egal was sie von unserer Gemeinde halten werden.

Denken Sie darüber nach:

Würden Sie nicht die meisten Dinge tun, um die Ihre beste Freundin Sie bittet, wenn Sie irgendwie könnten?

Wenn eine Freundin mich zum Beispiel fragt, ob ich mit ihr zum Ballett gehen will, wäre meine erste Reaktion vielleicht: „Machst du Witze?" Dann würde meine Freundin vielleicht sagen, dass sie eine Eintrittskarte übrig hat. Darauf würde ich sagen: „Das überrascht mich nicht!" Aber schließlich würde ich mit ihr zum Ballett gehen, und das nicht, weil ich zum Ballett gehen will, sondern weil die Freundin mich gebeten hat, mitzugehen.

Wenn wir unsere Freunde zur Kirche einladen, dürfen wir nicht denken, dass sie nur wegen des Gottesdienstes mitkommen. Sie kommen in erster Linie, weil wir sie gefragt haben, ob sie mitkommen.

Wenn Ihre Freundin aber „Ja" sagt, dann passt folgender Bibelvers sehr gut: „Wo zwei oder drei in meinem Namen versammelt sind, da bin ich mitten unter ihnen" (Matthäus 18,20). Die Einladung und die Zusage führen die Freundschaft auf eine tiefere Ebene.

Wir brauchen mehr Lehre über Freundschaft und die spirituelle Verbindung zwischen Freunden. Ich bin z.B. von den Worten „entkirchlicht" oder „unkirchlich" fasziniert, die mittlerweile im kirchlichen Leben zum allgemeinen Sprachgebrauch gehören. Der Begriff „entkirchlicht" scheint diejenigen zu meinen, die sich von normalen Gottesdienstformen verabschiedet haben, der Begriff „unkirchlich" bezieht sich auf diejenigen, die nie in Verbindung mit irgendeiner Gemeinde standen. Aber vielleicht hat Gott eine andere Definition von Kirche, z.B. sein Volk, das auf der ganzen Welt verteilt ist und das mit anderen durch Freundschaften in Verbindung tritt. Freundschaft ist ein Bereich, der neu in den Blick genommen werden muss, wenn es um die Mission der Kirche für die Welt geht.

Schritt 5: Die Kraft der Geschichten

In vielen unserer Denominationen würde es eine liturgische Kommission brauchen, die sich 15 Jahre lang zu Sitzungen trifft, um moderne Glaubensgeschichten in unsere Gottesdienstformen einzubringen. Bei anderen, nicht-liturgischen Kirchen gibt es Geschichten oder Zeugnisse nur zu besonderen Anlässen.

Wir lesen jede Woche Geschichten aus dem Neuen und Alten Testament, aber unsere aktuellen Geschichten werden nicht erwähnt. Sind die Geschichten mit Gott mit dem Neuen Testament zu einem Ende gekommen, oder zeigt sich Gott heute immer noch durch Geschichten?

In meinen Seminaren frage ich normalerweise: „Wer hat Sie eingeladen, als Sie das erste Mal in der Kirche waren?" In den vielen Seminaren, die ich geleitet habe, hörte ich wundervolle Antworten auf diese Frage. Sehr selten waren diese Geschichten so, dass wir sie als „heilig" oder „spirituell" bezeichnen würden.

Zum Beispiel:
„Da war ein umwerfend gutaussehendes Mädchen, das ich kennenlernen wollte, und so ließ ich mich einladen."

„Meine Frau ist immer wieder darauf herumgeritten, dass ich mitgehe solle."

„Ich bin mit den Pfadfindern in die Kirche marschiert."
„Ein Freund hat mich eingeladen."
„Meine Schwiegermutter hat mich gefragt."
„Ein Chormitglied, das wusste, dass ich singen kann, hat mich eingeladen."

„Gott hat mich eingeladen" (vielleicht ist diese Geschichte heilig!).

Ich versuche, immer zu fragen: „Wie lautet der Name der Person, die Sie eingeladen hat?"

In Neuseeland fragte ich eine junge Frau, wer sie eingeladen hatte und nach dem Namen dieser Person. Sie sagte, dass sie von einem Mädchen eingeladen wurde, aber sie konnte sich nicht an ihren Namen erinnern. Ich habe mit dem Seminar weitergemacht, bis sie sich plötzlich doch erinnerte, dass der Name ihrer Freundin „Precious" (deutsch: kostbar) war. Es hat einige Zeit gedauert, bis sie sich daran erinnern konnte, aber als es soweit war, hatte der Name eine großartige, spirituelle Bedeutung. Wenn wir irgendwann die Chance haben, die Geschichte unseres Glaubens zu erzählen, vergessen wir oft die Person, die die Initiative ergriffen hat und die ganz am Anfang eine Einladung ausgesprochen hat.

In Wirklichkeit sind diese vermeintlich unwichtigen Menschen sehr kostbar – wo wären wir ohne sie? Wir wurden gesegnet durch das Erzählen unserer Geschichten. Können wir also auch ein Segen für andere sein? Das Erzählen unserer Geschichten ermutigt den Geschichtenerzähler und öffnet Möglichkeiten für die Zuhörer.

Viele von uns, die momentan in der Kirche sind, meinen, dass sie niemals wirklich eingeladen wurden.

Ich habe Leute sagen hören:

„Ich kann mich nicht daran erinnern, nicht in der Kirche gewesen zu sein."

„Meine Mutter und mein Vater brachten mich mit."

„Ich wurde als Baby auf dem Arm in die Kirche getragen."

Wenn aber Eltern ihre Kinder in die Kirche mitnehmen, dann ist das immer auch eine unterschwellige Einladung. Gott hat einige von uns durch unsere Eltern eingeladen. Einladung ist ein grundlegender Bestandteil dessen, wie wir Teil der Kirche wurden.

Wenn Sie herausgefunden haben, wer Sie ursprünglich eingeladen hat, dann empfehle ich wieder, dass Sie dieser Person schreiben oder sie anrufen, um ihr zu erzählen, was für ein Segen sie für Ihr Leben war. Wenn die Person nicht mehr lebt, dann finden Sie einen anderen Weg, Danke zu sagen für das Leben als Christ, das sich Ihnen durch die Einladung eröffnet hat.

Wir müssen Zeit und Raum finden für Geschichten – Geschichten, die inspirieren, Geschichten, die Mut machen, Geschichten, die die nächste Generation einladen.

Schritt 6: Wen hat Gott in meinem Leben vorbereitet?

Entweder wir akzeptieren, dass Gott auch heute zu Menschen spricht und sie vorbereitet auf eine Beziehung mit ihm, oder wir glauben, dass Gott nicht Gott ist.

Viele von uns sind wie der junge Samuel. Wir erkennen es nicht, wenn Gott spricht, aber durch eine Einladung können wir beginnen, seinen Ruf zu hören.

Wir müssen uns mit denjenigen in Verbindung setzen, die Gott in unserem Leben auf eine Einladung vorbereitet hat. Eine der ersten Verteidigungslinien, die ich in verschiedenen Gemeinden oft gehört habe, wenn sie gebeten wurden, darüber nachzudenken, jemanden einzuladen, ist: „Alle meine Freunde sind schon hier." Wenn das wirklich wahr ist, sollte uns das etwas darüber sagen, wie wir unser Leben führen sollten. Dieser Frage gehen wir jetzt aber erst einmal aus dem Weg und fragen stattdessen Gott, wen er in unserem Leben vorbereitet hat. Wenn er uns nicht zeigt, wen er möchte, wen wir einladen sollen, dann sind wir anscheinend fein raus (vorerst).

Gott zu fragen, gibt uns die Möglichkeit, auf seine Stimme für unser Leben zu hören. Vielleicht kommt Ihnen der Name nicht mitten in einem Gottesdienst, sondern unter der Woche, wenn Sie gerade auf der Arbeit oder im Fitnessstudio sind, oder beim Essen oder durch Stille in den Sinn, aber ich glaube, Gott ist fähig, uns wissen zu lassen, wer die Person ist, die wir einladen sollen. Selbst wenn die Person, die Sie fragen, „Nein" sagt, haben Sie den Auftrag erfüllt. Eine Definition von wahrem Gottesdienst ist, der Stimme Gottes gehorsam zu sein.

Wir müssen auf die Einladung Gottes zu dem achten, was er als Nächstes mit uns vorhat.

Als Jesus die 72 Jünger aussandte, wie es im Evangelium von Lukas berichtet wird, lehrte er uns etwas sehr Wichtiges über die Einladung (Lukas 10,1-20):

Es gibt eine Ernte
Immer und immer wieder höre ich die Geschichten von denjenigen, die eingeladen wurden und zur Gemeinde dazukamen. Sie erzählen, dass sie nur auf diese Einladung gewartet hatten.

Jesus ist der Herr der Ernte
Christus ist heute aktiv und arbeitet in unseren Ländern, indem er Menschen darauf vorbereitet, in die Kirche eingeladen zu werden, damit das Reich Gottes wächst.

Es gibt Menschen des Friedens
Es gibt in unserer Gesellschaft eine Suche nach dem Spirituellen, und wenn wir losgehen und jemanden einladen, dann werden wir Menschen treffen, die völlig offen sind, uns zu helfen.

Es wird Ablehnung geben
Erinnern Sie sich daran: Die Leute lehnen nicht Sie ab, sondern sie lehnen Christus ab und den, der ihn gesandt hat. Manche Menschen werden „Ja" sagen, manche werden „Nein" sagen. Wir müssen uns daran gewöhnen und dürfen uns nicht vom Einladen abbringen lassen.

Sie werden Vollmacht haben
Wir sehen hunderte, ja tausende von angenommenen Einladungen überall in unseren Ländern. Ein Wort der großzügigen Einladung durch Christen kann den Lebenslauf eines Menschen völlig verändern.

Schritt 7: Üben Sie die Frage

Üben Sie die neun Worte, die ein Leben verändern können. Schritt 7 ist weder intellektuell herausfordernd noch wird die Durchführung Ihre Kirchgengemeinde hunderte oder tausende Euro kosten. Es gibt keinen langen Trainingskurs, um die Antwort auf jede erdenkliche Frage einzuüben, die irgendjemand stellen könnte, weil wir dann am Ende so verängstigt wären, dass wir das Gelernte niemals in die Tat umsetzen würden.

Nein. Die Frage ist nur folgende: „Würdest – du – gerne – mit – mir – in – die – Kirche – gehen?"

Wir könnten dafür natürlich einen Übungsabend machen, aber er würde weniger als zehn Sekunden dauern. Das Schöne an dieser Frage ist, dass jeder sie stellen kann. Es gibt keine Diskriminierung in der Spiritualität der Einladung. Jeder kann mitmachen.

Es gibt viele schwierige Fragen im Leben, wie zum Beispiel „Könntest du bitte in Zukunft Deodorant benutzen?" oder „Willst du mich heiraten?" Aber die Frage der Einladung gehört nicht dazu (Obwohl einige von uns sagen würden, dass „Würdest du gerne mit mir in die Kirche gehen?" auf einer Ebene mit diesen Fragen liegt.)

Jedoch kann letzten Endes die Person, die wir fragen, auf zwei Arten antworten. „Ja" oder „Nein". Wenn sie „Nein" sagt, dann halten Sie sich nicht lange damit auf, sondern beten Sie dafür.

Die Psychologie der Einladung ist faszinierend. Viele Jungs haben schlaflose Nächte, bevor sie auf das Mädchen zugehen, das sie um ein Rendezvous bitten wollen. Es ist nicht die Schwierigkeit der Aufgabe, sondern die Tragweite des Moments, die ihre Herzen mit Angst erfüllt. Das Herzklopfen ist das gleiche, egal ob ein junger Mann ein Mädchen zum ersten Mal um ein Rendezvous bittet oder eine Christin eine Freundin zum Gottesdienst einlädt. Haben wir unsere Nerven im Griff? Wenn wir jemanden zu etwas einladen, was uns nicht wirklich wichtig ist, dann sind wir nicht so nervös, aber sobald es uns alles bedeutet, dann wackelt unsere Entschlossenheit.

Manche von uns könnten sagen: „Was ist denn das Problem? Stell einfach die Frage und dann mach weiter!"

Neurowissenschaftler haben etwas entdeckt, das sie als „Experten-Amnesie" beschreiben. Wenn man hunderte von Stunden Übung darin hat, mutig Menschen zu etwas einzuladen, dann kann man sie einladen, ohne überhaupt zu wissen, wie man es angestellt hat. Menschen, die Anfänger im Bereich Einladung sind, sind jedoch wie Fahranfänger. Sie konzentrieren sich auf jeden Aspekt des Vorgangs. Wir wissen jedoch alle, dass man nach ein paar Monaten der Fahrpraxis fahren kann, ohne bewusst jede Bewegung zu kontrollieren, wie wir es als Anfänger gelernt haben. Übung ist also unerlässlich!

Mir wurde oft gesagt, dass wir alles Missionarische den Spezialisten überlassen sollten, nämlich den Evangelisten, die in diesem Bereich begabt sind. Normal Sterbliche seien zu schüchtern oder könnten es nicht gut. Aber es ist genau dieses Denken, was das Missionarische zu einer Hauptbeschäftigung einer Minderheit gemacht hat. Nicht viele von uns werden in diesem Bereich völlig selbstbewusst sein (ich weiß, dass ich es nicht bin), aber Übung macht den Meister. Je öfter wir etwas tun und je mehr wir uns bemühen, desto einfacher wird es. Ich wurde tausendmal zurückgewiesen, aber je öfter ich frage, desto weniger ängstlich werde ich. Am Ende wird es ein natürlicher Teil meines Lebens. In der Tat wird es zur unterbewussten Gewohnheit.

Es war nicht intellektuell herausfordernd, als Jesus zu seinen Jüngern sagte: „Folgt mir nach!" und „Kommt und seht!" Ich habe mich oft gefragt, wie Jesus mit seiner Zwei-Wort- oder Drei-Wort-Einladung so knapp und dennoch so wirkungsvoll sein konnte. Anscheinend hatte er etwas Überzeugendes an sich, auch wenn er nur wenig sagte.

Die Einladung Jesu breitete sich aus, als Andreas Simon Petrus fragte, und Philippus Nathanael einlud, und später bat Simon Petrus unzählige andere, zu kommen und zu sehen – den einen, von dem sie glaubten, er sei der Messias. Als Andreas seinen Bruder Simon Petrus ausfindig gemacht hatte, lud er ihn ein, obwohl er nur eine kurze Zeit mit Jesus verbracht hatte. Es war eine einfache Einladung, aber eine, die die Welt verändert hat.

Warum also müssen wir die Frage üben? Wir üben die Frage, weil wir es nicht gewohnt sind, diese Frage zu stellen. Wir üben das Fragen, um es uns zur Gewohnheit zu machen. Die Kunst der Wiederholung liegt darin, hinzugehen und die Frage zu stellen, um sie dann wieder zu stellen, und dann wieder und immer wieder. Durch die Wiederholung werden wir besser darin und erwerben schließlich die Gewohnheit der Einladung.

Schritt 8: Gebet

Sie haben sich vielleicht schon gefragt, wann wir zu diesem Punkt kommen: ein geistlicher Schritt.

Das Gebet während des Gottesdienstes scheint oft so zu laufen, dass wir zwar reden, aber nicht zuhören.

Mir bereitet das Beten ohne Erwartungen Sorgen. Als jemand, der gerne aktiv ist, lässt es mich oft kalt. Gebet ist eine andauernde Kommunikation mit Gott, eine, in der Gott uns bewegt, zu uns flüstert, uns antwortet. Ich glaube, dass Gott leidenschaftlich an unserem täglichen Leben interessiert ist.

Beim Durchlaufen der vorherigen Schritte habe ich die Leitungspersonen darum gebeten, sich die Vision einer verdoppelten Gemeinde vorzustellen. Aber was ist, wenn es nicht funktioniert?

Dann hat man zwei Möglichkeiten: Man kann sich die Stellenanzeigen in kirchlichen Amtsblättern anschauen und sich auf eine andere Stelle bewerben, oder man kann dafür beten. Wir könnten in der Tat um Mut beten, einzuladen, wir könnten für diejenigen beten, die wir einladen, wir könnten für die anderen Gemeindemitglieder beten und die Menschen, die sie einladen. Man könnte sogar für andere Gemeinden beten, die auch einen Einladungs-Sonntag durchführen. Das könnte das Gebet in der Gemeinde wirklich in Bewegung bringen.

Es können dringende Gebete sein, verzweifelte Gebete oder vertrauensvolle Gebete; so oder so, die Antwort auf das Gebet wird sich an der Türschwelle der Kirche zeigen. Da gibt es kein Verstecken vor der Antwort auf diese Gebete. Für viele Menschen ist das der erste Schritt zum missionarischen Handeln und auch dazu, Gottes Stimme zu hören.

Wenn auch keiner der anderen Schritte getan wird, so weiß ich, dass es zumindest viel Gebet geben wird!

Schritt 9: Einladungen aussprechen

Das ist der Schritt, den wir manchmal vergessen. Einige von uns belassen es bei guten Vorsätzen, aber kommen niemals dazu, Dinge wirklich umzusetzen. Deswegen an dieser Stelle wieder die Erinnerung: Der Erfolg besteht darin, dass eine Person eine andere einlädt. Ob die andere Person die Einladung annimmt oder nicht, ist Gottes Teil des Vorgangs, nicht unserer.

Ich höre Menschen sehr oft sagen, dass sie tatsächlich den Mut gefasst haben, jemanden einzuladen. „Mut fassen" ist ein interessanter Ausdruck, das Wörterbuch beschreibt ihn folgendermaßen: „Eine Art zu denken oder ein Geisteszustand, der jemanden befähigt, Gefahr, Angst oder Unbeständigkeit mit Selbstbeherrschung, Abgeklärtheit, Vertrauen, Entschlossenheit und Mut zu begegnen."[11] Das ist interessant, denn wir benutzen oft das Wort „Mut" in Bezug auf wirkliche Gefahr, wie zum Beispiel auf dem Schlachtfeld. Dieses Wort jetzt so

---

11 www.thefreedictionary.com

frei sogar in Bezug auf Einladung zu verwenden, zeigt also nur, wie tief unsere Angst vor Ablehnung sitzt.

Einer der interessanten Aspekte der Einladung ist, dass Menschen, die gerade selber eingeladen wurden und in der Gemeinde geblieben sind, kein Problem damit haben, Einladungen auszusprechen. Es sind oft diejenigen unter uns, die schon jahrelang zur Gemeinde gehören, die solche Furcht davor haben, einzuladen.

Die Bibel sagt, dass es für alles eine Zeit und einen Ort gibt, und das gilt auch für die Einladung: „Ein jegliches hat seine Zeit, und alles Vorhaben unter dem Himmel hat seine Stunde: geboren werden hat seine Zeit, sterben hat seine Zeit; pflanzen hat seine Zeit; ausreißen, was gepflanzt ist, hat seine Zeit" (Prediger 3,1-2).

Winston Churchill hat einmal gesagt: „Erfolg ist die Fähigkeit, von einem Misserfolg zum nächsten zu gehen, ohne seine Begeisterung zu verlieren."

Ich wünsche Ihnen sicher keinen Misserfolg, aber die Angst vor Misserfolg hält uns manchmal davon ab, damit zu beginnen, andere einzuladen.

Bis wir einer Idee verbunden sind, besteht immer die Möglichkeit, einen Rückzieher zu machen, aber wenn wir uns wirklich engagieren, dann ist das der Moment, in dem wir sehen, wie Gott wirkt.

Menschen, die erfolgreich im Einladen sind, entwickeln die Gewohnheit, sofort in Aktion zu treten. Sie probieren eine neue Idee fünf bis zehn Minuten aus, bevor sie eine Entscheidung darüber treffen. Sie erwarten nicht, es beim ersten Mal richtig zu machen. Es ist wie beim Radfahren. Menschen, die erfolgreich einladen, haben auf ihre Einladungen immer wieder Ablehnungen bekommen, aber sie begeben sich jedes Mal wieder zurück in den Sattel und probieren es ein weiteres Mal.

Manche Menschen pflanzen im Frühling und gehen im Frühsommer, noch vor der Ernte, weg, wenn es so aussieht, als ob das Unkraut gewinnen würde. Aber wenn sie einfach nur beharrlich weitergemacht hätten, dann hätten sie vielleicht die Ernte genießen können.

Wir müssen die Widerstandsfähigkeit des Sämanns entwickeln. Widerstandsfähigkeit ist eine positive Fähigkeit von Menschen, mit Stress und Unglück umzugehen. Die negative Antwort auf die letzte Einladung hat man vielleicht als persönliche Ablehnung wahrgenommen, und das hat uns davon abgehalten, es wieder zu probieren.

Ein Kontrast zu dieser „Haltung des Aufgebens" ist das Leben Jesu und die frühe Kirche, in der es eine bemerkenswerte Widerstandskraft gegen Ablehnung und Verfolgung zu geben schien. Viele frühe Christen wurden geschlagen, eingesperrt, gefoltert und in unbehagliche Situationen gebracht, und dennoch hat sich der christliche Glaube ausgebreitet. Was hat die frühe Kirche so widerstandsfähig gemacht, während die heutige Kirche sogar nach kleinen Enttäuschungen wie gelähmt ist vor Furcht? Es scheint fast so, als ob Ablehnung und Verfolgung ihren Glauben sogar stärker gemacht hätte. Ich habe viele Christen sagen hören, dass wir ein wenig Verfolgung bräuchten, um die Kirche in Ordnung zu bringen. Dieser Gedanke kommt aus dem Glauben, dass die Prüfung den Glauben stärker macht.

Matthäus 5,10 sagt in der Tat: „Selig sind, die um der Gerechtigkeit willen verfolgt werden; denn ihrer ist das Himmelreich." Wir könnten das Wort „Selig" mit dem Wort „Glücklich" vertauschen. Glücklich sind die, die verfolgt und abgelehnt werden. Könnten wir das über die heutige Kirche sagen?

Ein anderes Wort, das zur Widerstandskraft dazugehört, ist Beharrlichkeit. Könnten wir eine andauernde Entschlossenheit entwickeln, regelmäßig einzuladen, auch wenn die Möglichkeit der Ablehnung besteht?

Aber lasst es uns nun auf den Punkt bringen. Wie laden wir ein? Zuerst bereiten Sie sich in Gedanken vor, beten dafür, finden Ihren Freund, und dann lassen Sie es heraus und fragen: „Würdest du gerne mit mir in die Kirche gehen?" Üben Sie die Frage vorher, vor dem Spiegel, mit dem Hund oder mit irgendjemandem, der zuhört.

Wenn Leute aus Ihrer Gemeinde Freunde eingeladen haben, dann müssen Sie sie bestärken, ganz egal, wie es ausgegangen ist. Das wird sie befähigen, es wieder zu tun. Wir bestärken Menschen zu oft nur, wenn sie jemanden mitbringen. Das sendet aber die falschen Signale an den Rest der Gemeinde und ist verantwortlich dafür, dass man mit zukünftigen Einladungen zurückhaltender ist oder sogar ganz aufhört.

Es geht auch nicht nur um diese Spezial-Sonntage, sondern um jeden Sonntag (oder Mittwoch oder Freitag oder an welchem Tag auch immer Ihre Kirchengemeinde sich zum Gottesdienst trifft).

Mir wurde von einer Person erzählt, die einen Freund zu einem besonderen Einladungssonntag eingeladen hat; er sagte, dass er diese Woche nicht kommen könne, aber dass er nächsten Sonntag Zeit hätte. Der Einladende sagte dann, dass das nicht nötig sei.

Wir müssen jeden Sonntag zu einem Einladungssonntag machen!

Schritt 10: Gehen oder fahren Sie mit ihnen zum Gottesdienst

Die Schritte 10, 11 und 12 von den „12 Schritten, eine einladende Kirche zu werden", führen uns zum wiederholten Einladen. Ich habe kein Interesse daran, nur an einem Sonntag eine große Menge von Menschen anzulocken. Ich will sehen, dass Woche für Woche Menschen zur Gemeinde dazukommen.

Die Idee hinter Schritt 10 ist, dass wir, wenn unser Freund „Ja" zur Einladung gesagt hat, an dem Tag zu ihm gehen, um ihn abzuholen und dann mit ihm zum Gottesdienst zu laufen oder zu fahren. In der wahren Fülle dessen, was Kirche bedeutet, beginnt der Gottesdienst in dem Moment, in dem die Freunde ihre Tür öffnen. Mit ihnen zu laufen oder zu fahren, ist genauso ein Teil von Kirche wie der Gottesdienst selbst.

Viele von uns haben schon die Erfahrung gemacht, jemanden eingeladen zu haben und dann im Vorraum der Kirche zu stehen und zu wissen, dass er doch nicht kommen wird. Dann finden wir am Montagmorgen heraus, dass am späten Samstagabend angeblich zwei ihrer Zehen abgefallen seien, aber sie hätten es nun geschafft, sie mit Sekundenkleber wieder so anzubringen, als ob nichts geschehen wäre. Man kann Gott für dieses Wunder danken, wenn man sie normal laufen sieht.

Um unsere Angst davor, dass die Freunde nicht im Gottesdienst auftauchen, zu beseitigen, müssen wir hingehen und sie abholen. Wir tun das aber nicht nur, weil wir Angst haben, dass sie nicht kommen.

Sich besondere Mühe zu geben und einen Schritt weiter zu gehen, findet hier wortwörtlich statt.

„Einen Schritt weiter zu gehen", heißt, mehr Einsatz zu zeigen als es von einem erwartet wird. Das könnte Ihnen wirklich Unannehmlichkeiten bereiten. Sie müssen vielleicht früher aufstehen als sonst. Sie müssen vielleicht einen längeren Weg fahren, um Ihren Freund mitzunehmen oder ein ganzes Stück laufen. Es könnte Ihren normalen Sonntagsablauf auf den Kopf stellen. Aber tun Sie es trotzdem!

Schritt 11: Stellen Sie die Eingeladenen beim Kaffee Ihren Freunden vor

Wenn Menschen von selbst in die Kirche kommen, erfordert es die Mühe der Gemeinde, die fremden Personen wahrzunehmen und sie dann in Brüder und Schwestern zu verwandeln. Der Vorteil eines „Bring-einen-Freund-mit-Sonntages" ist, dass es einfacher ist, jemandem zu helfen, in das Leben der Gemeindefamilie hineinzukommen.

Sie kennen Ihren Freund am besten und können schon vorher überlegen, mit wem er sich gerne unterhalten würde. Freunde aus der Gemeinde können ihren Beitrag dazu leisten, indem sie helfen, dass Ihr Freund sich wirklich willkommen fühlt. Durch Gespräche kann Ihr Freund mehr über die Gemeinde erfahren und kann entdecken, dass es andere Menschen gibt, die ähnliche Leidenschaften oder Interessen haben wie er und dass sie trotzdem zur Gemeinde gehören. Sie können die Ansichten anderer Menschen entdecken und sie vergleichen oder ihren eigenen Ansichten gegenüberstellen. Wenn Sie Ihrem Gast Ihre Freunde in der Gemeinde vorstellen, dann fühlt er sich sicherer, auch einmal wiederzukommen, wenn Sie selbst nicht da sind, da er bereits andere Leute aus der Gemeinde kennt. Wir wachsen in der Beziehung mit Gott am meisten durch unsere Beziehungen mit anderen Menschen.

Schritt 12: Gehen Sie davon aus, dass die Gäste wieder zum Gottesdienst kommen werden

Das ist der Punkt, an dem der alte Fluch sich bestätigt: „Wenn sie kommen wollten, dann würden sie auch kommen." Dieser blockierende Fluch verändert sich unterschwellig zu „Wenn sie wiederkommen wollten, würden sie kommen!"

In den ersten Jahren des „Back-to-Church"-Sonntages beschwerte sich danach jemand empört, dass ich ihm ja nicht gesagt hätte, dass er seine Freunde auch ein zweites Mal für die nächste Woche einladen könnte.

Wir werden also gegen diesen Fluch kämpfen, indem wir sie noch einmal fragen:

„Sollen wir das nächste Woche wiederholen?"

„Warum kommst du nach dem Gottesdienst nicht mit zu mir zum Mittagessen?"

Das ist das wahre Ausmaß der Bedeutung von Kirche.

An diesem Punkt geben wir die Verantwortlichkeit, in die Kirche zu kommen, sehr oft gerne an unsere Freunde weiter, aber man muss immer noch eine mutige Person sein, ganz alleine in ein Kirchengebäude zu kommen, selbst wenn es das zweite Mal ist. Nun könnte unser Freund natürlich „Nein" zur zweiten Einladung sagen, aber das ist in Ordnung. Zumindest haben wir gefragt.

Ich will dieses Kapitel beenden, indem ich noch auf etwas bezüglich meiner 12 Schritte hinweise: Obwohl diese Schritte ein hilfreiches Mittel sind (und ich hoffe, dass sie das sind) kann Gott noch auf jede erdenkliche Weise eingreifen. Gott wirkt über jedem Prozess und höher als jeder Prozess.

Wenn Sie den Prozess der Veränderung einer Kultur des Nicht-Einladens beginnen wollten, wo würden Sie anfangen? Was halten Sie von diesen Vorschlägen:
- Versuchen Sie, Menschen in der Gemeinde dazu zu bringen, darüber zu sprechen, wer sie eingeladen hat und unter welchen Umständen dies geschehen ist.
- Fragen Sie Gemeindemitglieder, was sie davon abhält, ihre Freunde in die Gemeinde einzuladen. Dann machen Sie aus dem Gehörten Predigten für die Wochen vor dem geplanten Einladungs-Sonntag. Zum Beispiel: „Wie können wir einladen, wenn wir keine anderen Freunde außerhalb der Gemeinde haben?"
- Setzen Sie das Datum ihres „Verdopple-deine-Gemeinde"-Tags fest und arbeiten Sie darauf hin. Denken Sie daran, die Menschen, die einladen, zu bestärken und erinnern Sie sie daran, dass die Einladung in der Frage liegt, nicht in der Antwort.
- Und dann folgen Sie den 12 Schritten. Auf der Internetseite „www.unlockingthegrowth.com/ressources" findet man englischsprachige Video Clips zu den 12 Schritten.

Impulse zum Nachdenken:

- Wer hat Sie eingeladen?
- Wann haben Sie das letzte Mal jemanden zum Gottesdienst eingeladen?
- Was hat der alten Kirche Widerstandskraft gegeben, während die heutige Kirche sogar schon nach kleinen Enttäuschungen vor Angst gelähmt zu sein scheint?
- Wen hat Gott in Ihrem Leben für eine Einladung vorbereitet?
- Hat Gott sein Volk durch Freundschaft verbunden?

Kapitel 5

Die Gründe, weshalb Leute nicht wieder kommen

Der Prozess, das Potenzial in einer Gemeinde freizusetzen, ähnelt ein bisschen einem Computerspiel. Es gibt immer ein nächstes Level, eine neue Blockade zu überwinden und dann noch ein weiteres Level zu erreichen. Und wenn man die Blockaden nicht eine nach der anderen auflöst, nun, dann erreicht man nie das Ziel.

Hier sind ein paar der Gründe, die mir genannt wurden, weshalb Leute kein zweites Mal zur Kirche kommen:

1. „28 Leute haben Gäste eingeladen. Den meisten schien die Erfahrung und die Gastfreundschaft zu gefallen. Einige wurden ganz emotional. Werden sie auch in Zukunft wieder teilnehmen? Wir werden sehen."
Der Wir-werden-sehen-Fluch tritt auf, um den ursprünglichen Fluch, der auf der Kirche liegt, den sogenannten Wenn-sie-kommen-wollten-dann-würden-sie-kommen-Fluch, zu ersetzen. Nun, da die Leute einmal da gewesen sind, erwarten wir einmal wieder, dass sie das Ruder alleine übernehmen und glauben, dass es nicht mehr in unserer Verantwortung liegt, ihnen zu folgen oder sie erneut zu jagen. Oder nicht?

2. „Eine Familie, die schon zum Gottesdienst gehen wollte, seit sie vor einem Jahr in die Gegend gezogen ist, hat sich endlich einen Ruck gegeben."
Die unterschwellige Botschaft dieser Aussage ist eine kritische; die

ganze Verantwortung, in den Gottesdienst zu kommen und dort zu bleiben, scheint bei der Familie selbst zu liegen, nicht bei der Gemeinde oder denen, die zur Kirche einladen.

3. „Ein Paar sagte, sie haben vor einigen Jahren aufgehört, in eine Kirche zu gehen und seien dann zurückgekommen, weil ein Nachbar sie einlud. Sie freuten sich und fragten ihren Nachbarn, ob sie denn wieder kommen dürften."
Das ist die klassische Blockade, dass die Besucher nicht gefragt werden, ob sie das nächste Mal wieder mitkommen wollen. In diesem Fall war das Paar gezwungen, selbst nachzufragen.

4. „Ich hoffe, die kommen alle nächste Woche wieder."
Hier zeigt der Sprecher zumindest fast ein bisschen Optimismus, doch ich bezweifle, dass außer *„hoffen"* irgendetwas von den Verantwortlichen in der Gemeindeleitung oder der Gemeinde unternommen wird!

5. „Viele Tauffamilien kamen wieder."
Das sind natürlich gute Neuigkeiten, doch es ruft auch die Frage hervor: Wieso hat es so lange gedauert, bis die Kirche die Familien wieder einlud? Wird die Kirche sich dieses Mal anstrengen, sie wieder und wieder einzuladen? Das „Viele" bringt einen dazu, über all die Familien nachzudenken, die über die Jahre hinweg Taufgottesdienste in der Kirche gefeiert haben, jedoch nie einen Nachbesuch oder eine Einladung erhielten.

6. „Keine guten Neuigkeiten – Obwohl wir die Leute, die kamen, kannten, sind keine von ihnen seither wieder gekommen!"
Eine der größten Blockaden, die wir als Kirche durchbrechen müssen, ist die in unserem Denken verankerte Vorstellung, dass Kirche nur der Gottesdienst am Sonntagmorgen ist und dass die Leute zu uns kommen müssen, statt, dass wir für Einladungen verantwortlich sind.

7. „Es war nicht einfach festzustellen, welche Leute aufgrund unserer Einladungen kamen."
Dies ist eine sehr subtile Blockade. Tatsächlich bringt es mich zu der Annahme, dass die Gemeinde nicht mit so vielen Besuchern gerechnet hatte und daher keinen Plan hatte, wie man weiterhin mit ihnen in Kontakt bleiben könnte. Also wussten sie nicht, wer die Besucher waren und hatten keine Möglichkeit, Kontakt aufzunehmen, um sie erneut einzuladen.

8. „Zwei Damen, die gekommen waren, meinten, sie haben es sehr genossen und würden bestimmt irgendwann einmal wieder kommen."
Ich liebe das Wort „irgendwann". Doch was bedeutet das? Es könnte bedeuten, nächste Woche, in fünf Jahren oder vielleicht niemals. Erinnern Sie sich, dass die Frage, auf die diese Antworten kamen, lautete: „Haben Sie irgendwelche guten Nachrichten?" Ist „irgendwann" gut genug für eine gute Nachricht?

9. „Einige derer, die sich einladen ließen, sagten, sie haben den Gottesdienst genossen und versprachen, wieder zu kommen."
Diese Blockade ist sehr innovativ! Wir haben hier die gute Nachricht, dass Leute versprochen haben, wieder zu kommen, und nun können wir uns auf unseren Lorbeeren ausruhen und abwarten! Obwohl sich das zwar wie eine gute Nachricht anhört, ist es noch nicht in Stein gemeißelt. Weitere Einladungsmöglichkeiten sollten geplant werden, um das Verlangen der Leute, wieder zu kommen, zu verstärken.

10. „Wir waren sehr froh, dass einige der Gäste jüngere Familien waren und nicht ältere Leute."
Die Diskriminierung in der Einladung ist hier offensichtlich. Es geht um den Wunsch, eher junge Familien anzusprechen und einzuladen. Das wird auch als Vampir-Evangelisation bezeichnet – ein Verlangen nach ausschließlich frischem, jungem Blut!

Die Realität sieht leider so aus, dass, vom Einladungssonntag einmal abgesehen, die meisten Kirchen jährlich genügend neue Besucher haben. Die Analyse des Back-to-Church-Projektes jedoch zeigt, dass nur zehn Prozent derer, die zu einem Einladungssonntag eingeladen wurden, zu regelmäßigen, wöchentlichen Teilnehmern in der Kirche, in die sie eingeladen wurden, werden. Das bedeutet, dass 90 Prozent der neuen Besucher den Gottesdienst, die Predigt und die Gastfreundschaft miterleben – und nicht wieder kommen.

Die Blockaden zeigen uns Gottes Plan für die Kirche. Ich glaube, der Grund, weshalb wir nichts tun, um diese Blockaden zu überwinden, ist, dass wir nicht *erwarten*, dass die Leute bleiben. Wir haben so viel enttäuschende Erfahrungen gemacht, dass wir wissen, dass die meisten nicht bleiben werden, also überrascht es uns nicht, wenn sie nicht zurückkommen, oder wir zeigen geringe Erwartungen, dass sie zurückkommen sollten. Wir wissen nicht, dass wir nichts darüber wissen, wie man Leute für die Kirche gewinnt, also akzeptieren wir untätig den Status quo.

Ich habe mit vielen Verantwortlichen in Gemeindeleitungen in der Vorbereitung auf einen Einladungssonntag zusammengearbeitet, um zu sehen, ob es ihnen gelingen könnte, ihre Gemeinden zu verdoppeln und mehr als die zehn Prozent dazubehalten. Als Teil dieses Prozesses fragte ich die Leitungspersonen, ob sie nicht einen „geheimen Gottesdienstbesucher" engagieren wollten, ihre Kirche zu besuchen, damit sie Feedback bezüglich ihrer Gastfreundlichkeit erhalten könnten. Ein mutiger Leiter ließ mir die folgenden Worte einer Familie, die als „geheime Gottesdienstbesucher" teilnahmen, zukommen. Hier sind ihre Beobachtungen:

- „Was für eine schöne Kirche – es ist eine Schande, dass der Gottesdienst nicht mit dem Standard des Gebäudes mithalten konnte."
- „Nichts hat sich geändert – Kirche ist noch genau so wie damals, als ich immer mit meiner Oma ging."
- „Die Gemeinde mag keine Kinder – drei kleine Mädchen waren mit ihren Eltern in der Kirche, und es war sehr offensichtlich, dass

einige der Gemeindemitglieder damit nicht einverstanden waren. Man hat sich viel nach ihnen umgedreht und gespottet."
- „Der Vikar lobte die neuen Gesangbücher, und um uns herum wurde viel gemurmelt, und man hat sich über die neuen Bücher beschwert."
- „Der Chor war so alt, ich dachte, die müsste man wiederbeleben. Wenn sie in die Kirche einlaufen, gibt ihr Aussehen den Ton an – es ist eine Kirche für alte Leute."
- „Ich dachte, Singen und Musik sollen den Gottesdienst aufwerten, doch die Musik war langsam. Kannte irgendjemand die Lieder? Es hat sich nicht danach angehört. Am Ende haben wir über die Musik und das Singen lachen müssen!"
- „Es gibt einen Kinderbereich, doch der ist für Babys. Für Kinder vieler Altersstufen, wie auch für unseren Sohn, war nichts geboten."
- „Wenn ich nach Gründen suchen wollte, Atheist zu werden, diese Kirche wäre einer."

Für manche, die nur einmal kommen, ist der Grund dafür vielleicht, dass sie gebeten wurden, Geld zu spenden, was die negative Sicht, die viele auf die Kirche haben, bekräftigt. Oder jemand mit einem Klemmbrett hat sie angesprochen, bevor ein Mitglied der Gemeindeleitung das tun konnte, und versucht, sie für eine Putzschicht in der Kirche oder das Wir-brauchen-dringend-Geld-Komitee einzuteilen.

Für andere ist der Grund vielleicht das komplizierte Abendmahl – viele fragen sich nicht nur, ob sie teilnehmen sollten, sondern auch, wie der Ablauf des Abendmahls eigentlich funktioniert.

Manchmal wird nur ein einziges Mal mit ihnen gesprochen. Ich habe Gemeindemitglieder die folgenden Sprüche zu neuen Gästen sagen hören:
- „Das werden Sie brauchen" (Das Mitglied des Begrüßungsteams überreicht ein Buch, und kein weiteres Wort wird während des Besuchs gesprochen).
- „Könnten Sie sich umsetzen? Sie sitzen auf meinem Platz."

- „Dich habe ich ja schon lange nicht mehr gesehen!"
- „Was machen wir jetzt mit ihr?" (Das Begrüßungsteam rätselt, wo sie eine Besucherin hinsetzen könnten.)

Das Problem ist, dass wir einfach nicht wissen, warum die Leute nicht wieder kommen, weil wir uns meistens nicht trauen, sie zu fragen.

Impulse zum Nachdenken:

- Als Sie zum ersten Mal in eine Kirche gingen, weshalb sind Sie geblieben?
- Was hält Leute davon ab, ein zweites Mal in Ihre Gemeinde zu kommen?
- Wie könnten Sie Ihre Kirche gestalten, um die Leute dazu anzuregen, wieder zu kommen?

Diese Fragen sollten uns dabei helfen, die Blockaden und die Art, wie wir sie überwinden können, zu erkennen. Sie werden die Antwort darauf, wie Sie mehr Leute dazu bringen können, zur Kirche zurückzukehren, finden, indem Sie die Antworten auf diese Fragen betrachten. Aber wir brauchen noch mehr.

Vielleicht haben Sie die Fernsehsendung „Undercover Boss" gesehen. Jede Woche folgt das Kamerateam einem Geschäftsführer, der „undercover" geht und in unterschiedlichen Jobs in seinem Unternehmen arbeitet. Dort erleben sie aus erster Hand, welche Auswirkungen ihre Entscheidungen auf ihre Angestellten haben, auf ihre Moral – und vieles mehr. Sollten Sie, als Verantwortlicher in der Gemeinde, „undercover" gehen, oder könnten Sie einen geheimen Gottesdienstbesucher engagieren, um Ihre Kirche zu besuchen? So könnten Sie wirklich erleben, was ein Besucher Ihrer Kirche wahrnimmt. Es mag nicht schmeichelhaft sein, doch bevor Sie es nicht wissen, können Sie auch nicht die Änderungen vornehmen, die die Leute zum Wiederkommen anregen könnten.

Kapitel 6

Die sieben Sätze, die Innovation verhindern

Im Zentrum des christlichen Glaubens steht die Handlung der „*metanoia*" *(griech.)*. Das bedeutet, dass wir umkehren und unsere Meinung ändern. Doch „metanoia" sollte sich auch in unseren Taten und Handlungen widerspiegeln. Wir sollten damit beginnen, Möglichkeiten der Veränderung zu erkennen und zu durchdenken.

Wenn wir in der Kirche etwas ändern wollen, müssen wir oft mit einer Sitzung der Gemeindeleitung oder der Hauptberuflichen anfangen. Jemand sagte einmal, dass eine Sitzung ein Ereignis ist, bei dem „Minuten, ja gar Stunden verschwendet werden". Viele von uns werden dieser Aussage zustimmen! Leider müssen die, die Veränderung oder Innovation in ihrer Kirche bewirken wollen, um sie gastfreundlicher oder einladender zu gestalten, sich diesen Fakten stellen. Das bedeutet, die Ergebnisse mit den Verantwortlichen in der Gemeindeleitung zu besprechen. Wenn Menschen mit Veränderungen konfrontiert werden, kommt es zu folgenden Reaktionen, auch bekannt als die fünf Phasen der Innovation (zitiert nach Bill Bryson):

1. Leute streiten ab, dass die Innovation nötig ist.
2. Leute streiten ab, dass die Innovation effektiv ist.
3. Leute streiten ab, dass die Innovation wichtig ist.
4. Leute streiten ab, dass die Innovation den Aufwand, der nötig ist, sie durchzusetzen, wert ist.

5. Leute akzeptieren die Innovation, genießen die Vorteile, rechnen den Verdienst nicht dem an, der die Idee hatte, und leugnen, dass die Phasen 1 bis 4 je existiert haben.[12]

Sie müssen womöglich all diese Phasen in Ihrer kirchlichen Sitzung durchlaufen!

Stellen Sie sich nun vor, ein Test mit „geheimen Gottesdienstbesuchern" ist durchgeführt worden, und das führte zu dem Vorschlag, dass die letzte Reihe für Besucher, die das erste Mal kommen, freigehalten werden sollte. Und ja, ich habe es erlebt, dass man schon einmal unliebsam aufgefordert wurde, die hinterste Bank zu räumen. Nun müssen Sie diese Idee Ihrem Leitungsgremium vorstellen. Stellen wir uns einmal vor, wie die Antworten ausfallen könnten:

Auf Platz 7: „Das haben wir ja noch nie so gemacht" (Frau Meier-Huber saß schon immer in der letzten Reihe).

Manchmal fällt es Menschen schwer, sich einzugestehen, dass sie falsch liegen. Das sind diejenigen, die sich einfach weigern zuzugeben, dass sie Unrecht haben. Es sind Menschen, die eine vorgefasste Meinung davon haben, wie die Dinge sein sollten. Sie sind den Menschen sehr ähnlich, die sich weigern, etwas zu ändern und neue Ideen nicht akzeptieren.

Auf Platz 6: „Wir sind dazu noch nicht bereit." (Wir sind wirklich nicht bereit, Frau Meier-Huber anzugehen).

Manche von uns glauben, dass wir mehr Trainingskurse brauchen, bevor wir irgendeine Art christlicher Arbeit verrichten können. Ich kenne eine Kirche, die eine „Trainingskirche" ist. Alle Mitarbeiter wurden in allem ausgebildet; sie sind das christliche Pendant zur militärischen Spezialeinheit KSK. Leider waren sie noch nie im

---

12   Die fünf Phasen der Innovation, inspiriert von Alexander von Humboldts „Drei Phasen wissenschaftlicher Entdeckung", erwähnt in Bill Bryson: „A Short History Of Nearly Everything".

Einsatz. Wieso? Weil sie nächste Woche und die Woche darauf und die darauffolgenden Wochen Trainingskurse über andere Aspekte des christlichen Glaubens haben. Ich frage mich, ob, als Jesus dreiundsiebzig seiner Anhänger entsandte, einer von ihnen sagte: „Ich bin dazu noch nicht bereit" und Jesus deshalb nur zweiundsiebzig schickte.

Auf Platz 5: „Es läuft doch auch ohne das Ganze gut." (Wieso Frau Meier-Huber verärgern? Es gibt ja ein paar Neue.)
Kommt dieser Satz von jemandem, der regelmäßig sieht, wie tausende Menschen seiner Kirche beitreten? Ich fürchte, mir fällt keine Gemeinde ein, die sich leisten kann, dass sich diese Einstellung in der Gemeindeleitung ausbreitet.

Auf Platz 4: „Wir haben das schon einmal ausprobiert" (Wir haben es versucht, als Frau Meier-Huber im Urlaub war und die Reihe leer war).
Erfolgreiche Menschen entwickeln die Angewohnheit, sofort zu handeln. Sie probieren eine neue Idee fünf oder zehn Mal aus, bevor sie ein Urteil darüber fällen. Erwarten Sie nicht, es beim ersten Mal gleich richtig zu machen. Erfolgreiche Menschen scheitern immer und immer wieder.

Auf Platz 3: „Es kostet zu viel." (Es wird Tränen und Wutanfälle geben und möglicherweise ein Verfahren.)
Wir haben einen unglaublich großzügigen Vater im Himmel, und dennoch gibt es in der Kirche oft diese Mentalität, dass man alles horten und seine Reserven aufstocken muss. Dies dient natürlich dem Zweck der nachhaltigen Haushaltung. Deshalb können wir es uns nicht leisten, großzügig zu sein. Die Kirche in England hält das Gewerbe der kleinen braunen Umschläge am Laufen. Für alle, die nicht wissen, was ein „brauner Umschlag" ist: Jeder Gastredner in einer Kirche erhält normalerweise einen kleinen braunen Umschlag. Das ist das „Geschenk" als Dank für seine Bemühungen. Er wird mit der

folgenden, vom Schatzmeister gut einstudierten Floskel überreicht: „Das ist für Ihre Ausgaben." Jeder Redner weiß dann ganz genau, dass das „Geschenk" die Ausgaben nicht einmal annähernd abdeckt! Der kleine braune Umschlag hat drei wichtige Eigenschaften. Erstens ist er klein, was verhindert, dass irgendein Kirchenvertreter, besonders einer, der neu in seinem Amt ist, es mit dem Geschenk übertreibt. Zweitens ist er braun. Der Vorteil davon ist, dass der Empfänger nicht sehen kann, wie großzügig man ist. Drittens kann man ihn verschließen, was bedeutet, dass die Person ihn niemals vor einem öffnen wird. Der Empfänger kann die Großzügigkeit nur dann richtig spüren, wenn er die Münzen fühlen kann!

Die frühe Kirche war von Geschichten überschwänglicher Großzügigkeit beherrscht, in denen Leute ihre Häuser verkauften, die Einnahmen zusammenlegten und die Armen und Witwen unterstützten. Nun sind Millionen über Millionen an Dollars und Euros auf den Konten der Kirchen und Kirchenmitglieder, weil wir unsere Sicherheit nicht mehr von Gott, sondern von Bankkonten ableiten.

Ich ging einmal als Redner in eine große, wohlhabende Diözese und hatte einen fünfstündigen Weg hin und zurück. Ich fragte vorsichtig an, ob es möglich wäre, ein bisschen Benzingeld zu bekommen, da ich auf einer ihrer Konferenzen einen Vortrag hielt. Sie sagten „Nein". Das sagt schon alles!

„Es kostet zu viel" ist eine der schädlichsten und hinderlichsten Blockaden in der Kirchenleitung, und es wird Zeit, dass wir die Art, wie wir über Gottes Geld denken und es verwenden, infrage stellen. Ich fordere keinen leichtsinnigen Umgang mit Geld, sondern die Erkenntnis, dass Er uns täglich versorgt und dass Geld, genau wie Manna, stinken kann, wenn es zu lange auf einem Konto herumliegt.

Auf Platz 2: „Das liegt nicht in unserer Verantwortung." (Wir müssen das weitergeben an....)

Eines der ungeheuerlichsten Worte im Kirchenvokabular ist das Wort „weltlich", das wir verwenden, um die Dinge, die „geistlich" sind, sauber von denen zu trennen, die es nicht sind. Das kann manchmal dazu führen, dass wir uns nur für Hüter des Geistlichen halten. Unsere Verantwortung ist es, sicherzustellen, dass das Kirchengebäude gut saniert und einsatzbereit ist, dass der eigentliche Gottesdienst stattfindet und dass wir alle Kirchenmitglieder bei Laune halten, indem wir jeden Sonntag die richtigen Lieder und Gesänge anbieten und die Predigt die richtige Länge und den richtigen Inhalt hat. Oder nicht? Das nenne ich Club-Christentum, wo Christentum nur für Mitglieder zugänglich ist. Die Mitgliedschaft in dem Club bedeutet, dass man weiß, wo man sitzt, und regelmäßig erscheint.

Auf Platz 1: „Das wird einfach nicht funktionieren" (Wir werden den Aufwand betreiben, Frau Meier-Huber umzusetzen, aber sie wird innerhalb eines Monats zurück an ihrem Platz sein).

Erinnern Sie sich an diese Geschichte? Zwölf Spione gingen zum Auskundschaften nach Kanaan. Zehn von ihnen sagten: „Die Leute sind Riesen und stark, und die Städte sind befestigt. Das wird einfach nicht funktionieren." Zehn Spione sahen, was sie glaubten. Doch die anderen zwei, Kaleb und Josua, sahen auch, was sie glaubten. Das Resultat von „Das wird einfach nicht funktionieren" waren vierzig Jahre in der Wildnis. Könnten wir uns gerade in der Wildnis des Unglaubens befinden?

Ein anderer Weg, die wichtigen Sitzungen der Gremien im Blick zu haben, wäre es, einen Aber-Wächter zu beauftragen. Diese Person ist offiziell dafür zuständig, jedes Mal darauf hinzuweisen, wenn jemand das Wort Aber verwendet!

Das Gegenmittel für diese sieben Blockaden sind die folgenden Worte:

Platz 7: „Denn siehe, ich will ein Neues schaffen" (Jesaja 43,19) ersetzt „Das haben wir ja noch nie so gemacht."

Platz 6: „Ich vermag alles durch den, der mich mächtig macht" (Philipper 4,13) ersetzt „Dazu sind wir noch nicht bereit."

Platz 5: „Wir müssen für unseren Vater am Werk sein." (vgl. Lukas 2,49) ersetzt „Es läuft doch auch ohne das Ganze gut."

Platz 4: „Wir werden ernten, wenn wir nicht nachlassen." (Galater 6,9) ersetzt „Das haben wir schon einmal ausprobiert."

Platz 3: „Mein Gott aber wird all eurem Mangel abhelfen nach seinem Reichtum in Herrlichkeit in Christus Jesus" (Philipper 4,19) ersetzt „Es kostet zu viel."

Platz 2: „So sind wir nun Botschafter an Christi statt." (2. Korinther 5,20) ersetzt „Das ist nicht unsere Verantwortung."

Platz 1: „Aber in dem allen überwinden wir weit durch den, der uns geliebt hat" (Römer 8,37) ersetzt „Das wird einfach nicht funktionieren."

Sind Sie bereit für Veränderung? Wir sollten nicht immer alles glauben, was wir denken. Wir müssen die Art unseres Denkens hinterfragen. Wir müssen so werden, wie wir wirklich sind. Wir müssen der Leidenschaft, Kreativität und Fantasie, die Gott uns verliehen hat, freien Lauf lassen.

Impulse zum Nachdenken:

- Stimmen Sie den sieben oben genannten Antworten zu?
- Welche ist Ihrer Erfahrung nach die größte Blockade?
- Wie könnten Sie die Gegenmittel zu diesen Phrasen in Ihrer Kirche anwenden?

Kapitel 7:
Sich die Niederlage zum Freund machen

Eine der größten Herausforderungen bei meiner Aufgabe ist es, meine Enttäuschung im Zaum zu halten, wenn ich die Gründe der Mitglieder der Gemeindeleitung höre, weshalb sie an keinem weiteren Einladungssonntag mitmachen wollen. Meiner Erfahrung nach sind die meisten Leitungspersonen dazu bereit, Ideen einmal auszuprobieren. Doch wenn es nicht funktioniert, verwerfen sie die Idee. Ich war in Sitzungen, in denen Verantwortliche, die im ersten Jahr der Organisation eines Einladungssonntages noch ganz aufgeregt und erwartungsvoll waren, berichtet haben, dass sie sich nun geradezu schämen, dass das Projekt ihre Erwartungen nicht erfüllt hat. Verstehen Sie, manchmal lässt Gott es zu, dass wir scheitern, um unsere Beziehung mit ihm zu stärken, damit wir die Dinge klarer sehen können.

Manchmal aber ist es peinlich zu scheitern. Wir haben eine Vorstellung von kirchlicher Leitung, die Niederlagen nicht wirklich zulässt. Das Ziel von Leitungspersonen ist die Verwandlung einer Gemeinde, doch Gottes Ziel ist die Verwandlung der Leitungsperson.

Wir kennen alle die Geschichte von Petrus, der aus dem Boot stieg, um mit Jesus über das Wasser zu laufen, doch in unserem eigenen Leben versuchen wir, alle Risiken zu vermeiden, die uns in der Öffentlichkeit bloßstellen oder demütigen könnten.

Als Petrus aus dem Boot stieg, ging er ein Risiko ein. Matthäus 14 sagt, dass er Angst bekam, als er den Wind sah. Er begann unterzugehen. Aber das grandiose an dieser Geschichte ist, dass Petrus tatsächlich auf dem Wasser ging. Er ist ein Risiko eingegangen und letztendlich gescheitert, aber wow, Leute, hat er etwas dabei gelernt? – Ja, natürlich hat er etwas dabei gelernt.

Wenn wir bereit sind, alles zu versuchen und Risiken einzugehen, werden wir manchmal scheitern. So ist das nun einmal. Das Leben kann definiert werden als eine Mischung aus Möglichkeiten, Chancen, Risiken und Hindernissen.

Nachdem wir also die Litanei an Gründen gehört haben, weshalb diese oder jene Person niemanden eingeladen hat, und weshalb diese oder jene Person nicht gekommen ist, obwohl sie eingeladen wurde, oder weshalb sie nicht geblieben ist, und weshalb die Kirche nun des Einladens müde geworden ist und weshalb wir zuerst den Gottesdienst ändern müssen, bevor wir so etwas wieder versuchen, und weshalb Mitglieder der Gemeindeleitung und Gemeindemitglieder kein Interesse daran haben, ausgebildet zu werden, und weshalb sich nichts jemals ändern wird, können wir endlich die Blockaden, die aufgetaucht sind, durchbrechen. Das ist ein sehr mühsamer Prozess für alle Beteiligten. Es ist oft sehr schwierig, unsere Hauptberuflichen infrage zu stellen, da wir es gewohnt sind, dass sie die Antworten haben.

In der Geschichte von Petrus, der aus dem Boot steigt, lassen sich Parallelen dazu finden, was geschieht, wenn etwas bei einem kirchlichen Leitungsverantwortlichen schiefgeht. Die Litanei an negativen Gedanken, die sie von sich geben, ist nur, was sie selbst in ihren eigenen Köpfen gehört haben. Diese Gedanken sind genau wie der Wind, der wehte und Petrus Angst einflößte.

Was Petrus spürte, als er aus dem Boot stieg, war Angst, dann Scham, und schließlich Kontrolle. Die Passage besagt, dass er Angst bekam, als er den Wind bemerkte. Dann schrie er vor Angst und Scham, und der einzige Weg, die Situation unter Kontrolle zu bekommen, war, Jesus um Hilfe zu bitten. Doch viele von uns bitten Gott nicht um Hilfe; wir versuchen, die Situation selbst unter Kontrolle zu bekommen.

Der Teufelskreis von Scham, Angst und Kontrolle

Scham, Angst und Kontrolle arbeiten zusammen, um uns zum Scheitern zu bringen. Die Scham sagt: „Ich bin schlecht. Ich bin anders als alle andere." Die Angst sagt: „Ich habe Angst, dass ich nicht akzeptiert/anerkannt/geliebt werde, wenn jemand herausfindet, wie schlecht ich bin." Die Kontrolle sagt: „Ich muss meine Umgebung und jeden darin kontrollieren, sodass niemand meine Fehler bemerkt." Wenn Kontrollverlust droht, ist das Resultat ein Teufelskreis aus:

Scham: Scham ist ein schmerzhaftes Gefühl des Bewusstseins über etwas Schändliches oder Unwürdiges. Scham wird zu einem Angriff auf das eigene Selbst, die eigene Identität.

Angst: Ob die Bedrohung nun real oder eingebildet ist: Angst fesselt uns, lähmt uns und lässt uns erstarren. Die Erwartung von etwas Furchterregendem hindert uns daran, Möglichkeiten zu sehen und zu ergreifen, die Person zu werden, die wir werden sollen. Angst verursacht, dass wir uns ungeschützt, unsicher und verunsichert fühlen. Dieses Gefühl kommt von Scham, da wir Angst haben, dass unsere Schande / unsere Fehler enthüllt werden.

Kontrolle: Kontrolle schafft eine Barriere zwischen uns und anderen, da wir versuchen, sie und uns selbst zu kontrollieren, damit unsere Schande nicht aufgedeckt wird. Kontrolle sperrt uns ein. Sie verspricht, uns vor Schmerzen und Leiden zu schützen, doch das scheitert meist (Kontrolle kommt fast immer von Angst und Scham).[13]

Dafür gibt es zwei Beispiele in der Erfahrung des Projekts „Back-to-Church". Ein Gemeindemitglied lädt jemanden ein, der „Nein" sagt. Dann schämt man sich, weil man niemanden hat, den man mitbrin-

---

13 Chester und Betsy Kylstra: „Biblical Healing and Deliverance", Grand Rapids: Chosen, 2005.

gen könnte und hat Angst, dass man der einzige ist, der niemanden hat, und dass die anderen Gemeindemitglieder einen darauf ansprechen werden, also beschließt man, die Situation zu umgehen, indem man an diesem Sonntag nicht in die Kirche geht. Ich habe bemerkt, dass der letzte Sonntag im September[14] im Vereinten Königreich ein beliebter Tag dafür geworden ist, sich in sein Ferienhaus zurückzuziehen oder den Wohnwagen noch ein letztes Mal vor dem Herbst herauszuholen!

Dann gibt es noch den Verantwortlichen der Gemeindeleitung, der einen Einladungssonntag ausprobiert und die Leute dazu ermutigt, einzuladen. Doch an dem Sonntag bringt dann kein einziges Gemeindemitglied einen Freund mit. Die Leitungsperson fühlt sich persönlich abgewiesen und beschämt, und fürchtet, dass er als schlechte Führungsperson dasteht, wenn seine Kollegen herausfinden, was passiert ist. Also kontrolliert er die Situation, indem er so etwas sagt wie: „Das funktioniert bei uns nicht."

Ein weiteres Beispiel für den Kreislauf aus Scham, Angst und Kontrolle findet sich in der Geschichte von Goliath und der Armee des Königs Saul. Der Riese Goliath ließ eine ganze Nation vor Angst erstarren. Um mit ihrer Angst fertig zu werden, war es für die Armee und König David der einzige Weg, auf ihrer Seite des Schlachtfelds zu bleiben. Doch als David, der Hirtenjunge, Goliath mit einem einzigen Stein besiegte, wurden hunderte von zuvor verängstigten Männern schließlich zu Davids mächtigem Heer. Oft ist unsere Sichtweise auf ein Problem das eigentliche Problem. König Saul und seine Armee konnten nur noch den Riesen Goliath sehen, aber David hatte Reichtum, die Königstochter, die Befreiung von künftigen Steuern und Vertrauen in Gott vor Augen. Die Geschichte handelt letztlich nicht von David und Goliath, sondern von David und Gott.

Die Erfahrung, die Gemeindeverantwortliche machen, wenn sie scheitern, ist genau die gleiche, die auch Petrus und Sauls Armee ma-

---

14 Am letzten Sonntag im September findet in Großbritannien der „Back-to-Church"-Sonntag statt.

chen mussten. Ihre Scham sagt ihnen: „Ich bin so eine schlechte Leitungsperson, dass ich niemanden dazu bringen konnte, einen Freund einzuladen." Angst sagt ihnen: „Ich habe Angst, von meiner Gemeinde nicht akzeptiert zu werden, wenn jemand herausfindet, dass es in einer anderen Gemeinde funktioniert hat." Kontrolle sagt ihnen: „Ich muss meinen Einflussbereich kontrollieren, damit niemand meine Fehler aufdecken kann."

Terry Robson schreibt in seinem Buch „Failure is an Option" – „Scheitern ist eine Option": „Eine Niederlage ist die erzwungene Pause, die dazu führt, dass man sich für neue Möglichkeiten öffnet", und „was zunächst wie Scheitern aussieht, ist fast immer eine Umleitung, die einen dort hinführt, wo man sein soll."[15] Scheitern ist eine Sache der Perspektive, und was für den einen eine Niederlage ist, bedeutet Erfolg für den anderen.

Thomas Edison sagte einmal: „Wenn ich 10.000 Wege entdecke, wie etwas nicht funktioniert, dann habe ich nicht versagt. Ich bin nicht entmutigt, denn jeder missglückte Versuch ist ein weiterer Schritt voran." Oft ist eine Niederlage einer der besten Wege, Gottes Stimme zu hören, wenn wir nur lange genug aufhören, uns selbst schlecht zu machen, um zuzuhören.

Rennen Sie als Gemeinde vor Niederlagen davon oder wollen Sie die Rückmeldung hören?

Golfer lernen das meiste, wenn sie einen Ball verschlagen. Tennisspieler sehen im Netz eine Möglichkeit, ihr Spiel neu zu bewerten. Rückmeldung ist der Treibstoff, der den Wissenserwerb ankurbelt. Tatsächlich sind verschlossene Türen oft ein unglaublicher Segen. Dennoch sind wir als Kirche keine Fans von Niederlagen. Wir denken, dass wir es uns nicht erlauben können, öffentlich zu versagen, also halten wir an unseren üblichen Praktiken fest, die uns in unsere jetzige Situation gebracht haben.

---

15   Terry Robson: „Failure is an Option: How setbacks breed success", Sydney, Harper Collins, 2010.

Das Wort „retuschieren" wurde unlängst in die Alltagssprache übernommen. „Wegretuschiert" wird verwendet, um Fotos zu beschreiben, in denen die Makel eines Models beseitigt oder die guten Eigenschaften hervorgehoben worden sind. Doch „retuschieren" passiert auch in Kirchenkreisen.

Die Kirche hat heutzutage die Angewohnheit, jegliche Mäkel weg zu retuschieren. Auf keinen Fall würde die Kirchenleitung von Heute das Schreiben der Psalmen autorisieren. Es steckt zu viel Ehrlichkeit in ihnen: „Warum hast du mich verlassen?", „Wieso hast du zugelassen, dass meine Feinde mich umzingeln?"

Wie wäre es, wenn wir uns als Fragment wahrnehmen, um Gottes Stimme zu hören.

Shizuka Arakawa, eine der besten japanischen Eiskunstläuferinnen, schätzte, dass sie 20.000 mal während des Trainings gestürzt sei. Wieso hat sie das ertragen?

Sie hat es ausgehalten, weil sie die Stürze nicht als Niederlagen sah. Sie sah sie als Beweis dafür, dass sie sich verbessert und als Möglichkeit, zu lernen, sich weiterzuentwickeln und an sich zu arbeiten.

Was viele der Geschichten über die Jünger im Evangelium und über Personen im Alten Testament wie Abraham, Isaak, Jakob, Josef, Moses, David und unzählige andere gemeinsam haben, ist, dass sie von Menschen handeln, die Fehler machen, Niederlagen erleiden und die sich manchmal sehr dumm anstellen. Doch es scheint so, als hätte Gott sie dennoch gebraucht. Das ist so ermutigend, weil ich in meinem eigenen Leben so viele Fehler gemacht habe!

Arakawas Beispiel lehrt uns also: Alles, was wir gut machen wollen, sollte uns so wertvoll sein, dass wir anfängliche Fehlleistungen zulassen.

Eine weitere Eigenschaft, die wir uns aneignen müssen, ist Widerstandsfähigkeit. In Kapitel 2 und 4 haben wir gesehen, wie der Sämann im Gleichnis weitergesät hat. Er hat weitergesät, obwohl er wusste, dass einige der Samen die fruchtbare Erde nicht erreichen würden.

Oft jedoch haben Verantwortliche in den Gemeinden Vorstellungen, durch die sie sich selbst begrenzen, weil sie sich nie mit den Niederlagen in ihrem Leben auseinandergesetzt haben. Eine kirchliche Leitungsperson aus Argentinien hörte mich vor einigen Jahren sagen: „Das könnte ich niemals." Er sagte mir darauf, ich würde unter umgekehrtem Stolz leiden.

Wenn wir verleugnen, wozu Gott uns erschaffen hat, dann unterdrücken wir das Wachstum in unserem Leben. Wir müssen das gleiche Bild von uns selbst haben, das Gott von uns hat.

Bischof Tom Wright sagt: „Gott hat sein Volk auf eine viel bessere Version der Menschheit vorbereitet, als wir es uns jemals vorstellen können."[16]

Den meisten von uns ist die Fähigkeit und Angewohnheit, Gottes Wirken zu erwarten, verloren gegangen oder sie wurde verdorben von jahrelanger Frustration, Enttäuschung, Mangel an Glauben, niedrigem Selbstbewusstsein und von uns akzeptierten Halbwahrheiten. Wie wäre es, wenn wir erkennen würden, dass Niederlagen oft Gottes Werkzeug sind, mit dem er uns lehrt und wenn wir anfingen, Ihn zu fragen, was es ist, das wir lernen müssen? Pfarrer Norman Vincent Peale sagte immer: „Wenn Gott einem ein Geschenk machen will, dann verpackt er es in einem Problem. Je größer das Geschenk, das Gott einem machen will, desto größer das Problem, in dem Er es verpackt."[17]

Probleme sind ein Zeichen für Leben und Aktivität, aber wir beschäftigen uns mehr mit der Verpackung als mit dem Geschenk. Wir müssen uns fragen, was wir von diesem Problem lernen sollen. Wenn wir die Lösung in dem Problem nicht finden, kommt es immer und immer wieder zurück. Oder habe nur ich diese Erfahrung gemacht? Also

---

16 Bischof N.T.Wright: „Jerusalem in the New Testament", ursprünglich veröffentlicht in: Peter Walker: „Jerusalem Past and Present in the Purposes of God", Carlisle, Paternoster, 1994.
17 Norman Vincent Peale: „The Power of Positive Thinking", New York; Prentice Hall, 1978.

könnten wir die Lektion auch gleich beim ersten Mal lernen. Wenn wir nach Wegen suchen, auf denen wir aus unseren Enttäuschungen lernen können, dann könnten wir in unserer Beziehung mit Gott vielleicht einen Schritt auf die Klage zugehen. Klage geht mit der Niederlage einher.

Walter Brueggemann definiert Klage als „ungeduldigen, hartnäckigen Protest"[18] gegen die eigene gegenwärtige Situation. Sie ist Teil der außerordentlichen Berufung von Gottes Volk im übergeordneten Plan, den Gott hat. Sie mögen denken, dass wir uns schon genug beklagen. Aber obwohl es genügend Resignation, Passivität, blinde Akzeptanz der eigenen Situation und Taubheit in den Leitungen der Gemeinden gibt, beklagt sich tatsächlich kaum jemand. Zu klagen bedeutet, mutig vor den Herrn zu treten und sich über die eigene Lebenssituation, den Zustand seiner Gemeinschaft und über den Materialismus, der die Spiritualität hemmt, zu beschweren. Sich zu beklagen, bedeutet, dass man ehrlich mit Gott über den Zustand des Dienstes, den er uns zugeschrieben hat, spricht. Doch Klage und Tränen können erst dann an Raum gewinnen, wenn wir ehrlich mit Niederlagen umgehen. Schmerz signalisiert Wachstum, nicht Leiden, und wenn wir unsere Lektion gelernt haben, dann lässt er nach.

Albert Einstein sagte einmal: „In der Mitte der Schwierigkeit liegt die Möglichkeit." Wenn wir nur akzeptieren könnten, dass Gott häufiger durch Niederlagen als durch Erfolge zu uns spricht, und unseren Niederlagen mehr Bedeutung zuschreiben könnten, dann würden wir unglaubliche Veränderungen in unserem Leben erleben, weil Gott aus Schwächen Möglichkeiten macht und die Ketten, die uns zurückgehalten haben, sprengt, weil Gott uns zu den Männern und Frauen Gottes formt, die wir immer schon hätten seien sollen.

Wenn ich jedem Verantwortlichen in Gemeindeleitungen in dieser erfolgshungrigen Welt etwas sagen könnte, dann wäre meine Botschaft, dass man sich Niederlagen zum Freund machen sollte. Wir müssen unsere Enttäuschung im Zaum halten. Christus sah den rei-

---

18 Walter Brueggemann: „The Prophetic Imagination", Minneapolis: Fortress Press, 1978.

chen Jüngling weglaufen, sah, wie viele seiner Anhänger sich nach einer besonders schweren Lehre abwendeten, sah, wie Judas ihn verriet und die anderen elf Jünger ihn im Garten Gethsemane kurzzeitig verließen. Jesus selbst musste mit Enttäuschungen fertig werden.

Peter Brain, Bischof von Armidale in New South Wales, hat mich an ein weiteres Problem erinnert; er sagt, dass wir nur schwer zwischen unseren Zielen und unseren Wünschen unterscheiden können. Ein Ziel ist etwas, von dem mich niemand anderes abhalten kann, während ein Wunsch etwas ist, was Gottes Wirken und die Mitarbeit anderer benötigt.

Es ist also das Ziel, mit gutem Beispiel voranzugehen und anderen nahezulegen, Menschen einzuladen, da mich niemand davon abhalten kann. Unser Wunsch hingegen ist es, dass Menschen darauf hören und es tun und andere auf die Einladung reagieren und ein Teil des Leibes Christi werden. Wir sollten für die Erfüllung unserer Wünsche beten und auf das Erreichen unserer Ziele hinarbeiten, doch normalerweise machen wir es umgekehrt: Wir arbeiten auf unsere Wünsche hin und beten für das Erreichen unserer Ziele, was uns wiederum dazu bringt, enttäuscht und träge zu werden und uns daran hindert zu tun, was wir tun sollten.

Paulus sagt: „Ich habe gepflanzt, Apollos hat begossen; aber Gott hat das Gedeihen gegeben" (1. Korinther 3,6). Wir dienen einem missionarischen Gott, der in der Welt durch den Heiligen Geist wirkt. Niederlagen sind unvermeidbar, weshalb also machen wir uns ihretwegen so fertig? Erfolg und Niederlage sind Teile desselben Vorgangs.

Dennoch gibt es Bibliotheken voller Bücher über Erfolg, während man kaum welche über Niederlagen finden kann. Hier sind meine sechs Lektionen, die man von Niederlagen lernen kann, und meine Tipps, wie man mit Niederlagen umgehen kann.

Sechs Lektionen der Niederlage

1. Die meisten Niederlagen hätten sich im Nachhinein gesehen vermeiden lassen, und meistens können wir vorher schon Anzeichen dafür erkennen.
2. Erfolg und Niederlage sind subjektive Begriffe, aber wir können sie für uns selbst definieren. Wir belasten uns selbst mit einem Drang nach Perfektion, der nicht richtig ist.
3. Sowohl Erfolge als auch Niederlagen sind temporär.
4. Erfolg und Niederlage sind die zwei Seiten einer Medaille. Was wir als Person wert sind, hängt nicht von den Herausforderungen ab, denen wir gegenüberstehen.
5. Jede Niederlage kann überwunden werden.
6. Niederlagen sind keine Sackgassen, sondern nur Umwege.

Neun Prinzipien, mit Niederlagen umzugehen

1. Wenn Sie scheitern, suchen Sie Hilfe in Ihrem Glauben, in Ihrer Familie und bei Ihren Freunden. Denjenigen, die wirklich wichtig sind, sind unsere Niederlagen egal, und die, denen sie nicht egal sind, sind nicht wichtig.
2. Gestehen Sie sich Ihre Niederlagen ein und geben Sie sie zu, statt andere zu beschuldigen.
3. Sehen Sie die Niederlage als das an, was sie wirklich ist (wir tendieren dazu, das Negative zu dramatisieren).
4. Vergleichen Sie die Niederlage mit Ihren vergangenen Erfahrungen. Listen Sie all Ihre Niederlagen und all Ihre Erfolge auf, suchen Sie nach einem Muster, und überlegen Sie, was Sie daraus lernen können – berücksichtigen Sie dabei auch die Tatsache, dass Sie all Ihre Niederlagen überlebt haben.
5. Lernen Sie zu vergeben: Vergeben Sie denen, die Ihnen Unrecht getan haben, vergeben Sie denen, die nicht aufgetaucht sind, und vergeben Sie sich selbst. Man kommt nicht voran, wenn man nur zurückschaut.

6. Lernen Sie daraus – machen Sie es sich zunutze, und verwenden Sie es zu Ihrem Vorteil. Sonst sind Sie dazu verdammt, Ihre Fehler zu wiederholen. Ersetzen Sie das Wort „Niederlage" durch „Erfahrung".
7. Finden Sie einen Coach oder jemanden, den Sie respektieren. Er wird Ihnen helfen, sich selbst zu sehen, wie Gott Sie sieht und kann Ihnen helfen, Ihren Fokus und Ihre Perspektive zu ändern.
8. Stehen Sie auf und fangen Sie an.
9. Hören Sie nicht auf, wenn Sie einmal angefangen haben.

Sie sind nicht der einzige, der immer wieder Niederlagen einstecken muss. Vincent van Gogh hat zu Lebzeiten nur ein einziges Gemälde verkauft, und dennoch sind seine Bilder heute Millionen wert.

In seiner Anfangszeit war Ludwig van Beethoven unglaublich ungeschickt mit der Violine und war oft so damit beschäftigt, seine eigenen Stücke zu komponieren, dass er das Üben vernachlässigte. Trotz seiner Liebe für das Komponieren dachten seine Lehrer, er wäre ein hoffnungsloser Fall und würde nie erfolgreich werden. Beethoven hielt aber durch und komponierte schlussendlich einige der beliebtesten Symphonien aller Zeiten – fünf davon, als er bereits komplett taub war.

Während seines ersten Films sagten die Produzenten zu Harrison Ford, dass er einfach nicht das Zeug zum Star habe. Heute, mit zahlreichen Auszeichnungen, nach seiner Darstellung von Kultcharakteren wie Han Solo und Indiana Jones und mit einer Jahrzehnte langen Karriere, hat er ganz klar gezeigt, dass er eben doch das Zeug dazu hat.

Heutzutage steht der Name Steven Spielberg für riesige Filmproduktionen mit enormem Budget, und das, obwohl er drei Mal von der Universität für Theater, Film und Fernsehen in Südkalifornien abgelehnt wurde. Er ging dann an eine andere Universität, brach jedoch sein Studium frühzeitig ab, um Regisseur zu werden. Fünfunddreißig Jahre, nachdem Spielberg sein Studium begonnen hatte, ging er im

Jahr 2002 an die Universität zurück, um seine Arbeit zu vollenden und seinen Bachelor of Arts zu erhalten.

Der heilige Johannes vom Kreuz schrieb von der „dunklen Nacht der Seele"[19] und sagte, das erste, was man tue, nachdem sie einen befallen hat, sei, alles zu versuchen, um sie wieder los zu werden. Doch wenn man sich ihr hingäbe, würde man zuerst ein Gefühl der Erlösung, dann ein Gefühl der Erleichterung und schließlich ein ganz eigenartiges Gefühl spüren – das Gefühl, dass man nicht will, dass es endet, damit man all die Lektionen lernen kann, die Niederlagen mit sich bringen.

Nicht der Fall beschreibt die Niederlage, sondern das Liegenbleiben. Also nutzen Sie jede Niederlage, denn Übung macht den Meister, und nach der Niederlage kommt der Erfolg.

Impulse zum Nachdenken:

- Sind Niederlagen manchmal Gottes Werkzeug, mit dem er lehrt?
- Erinnern Sie sich an einen Moment der Niederlage. Wie hat es sich angefühlt? Was haben Sie dagegen unternommen? Haben Sie etwas dabei gelernt?
- Hatten Sie mit vielen Niederlagen zu kämpfen, und haben Sie schlussendlich triumphiert wie die japanische Schlittschuhläuferin?
- Mit welchen Niederlagen haben Sie jetzt gerade in Ihrem persönlichen Leben und/oder im Bereich Ihrer Gemeinde zu kämpfen?

---

19 Der heilige Johannes vom Kreuz. „Die dunkle Nacht der Seele" (Gedicht).

Kapitel 8
Unsere Bremsen lösen

Wir alle haben eine Sehnsucht nach mehr. Das wird durch die Millionen von Fernsehprogrammen deutlich, die wir jede Woche ansehen. Wir werden überflutet mit extremen Optimierungs-Programmen, die anbieten, unsere Gesichter, unsere Körper, unsere Kleidung und unsere Wohnungen zu optimieren. Uns werden Gesichtsstraffungen angeboten, Botox-Spritzen und Nasenoperationen. Wir wollen uns besser fühlen, und wir suchen immer weiter nach der ultimativen Optimierung, die uns verwandelt – Körper und Seele. Die Welt weiß vielleicht nicht genau, wonach sie sucht, aber sie weiß, dass sie auf der Suche ist.

Als Gesellschaft finden wir Wege, unser Leben zu finanzieren, aber wir wissen dennoch nicht, wie wir eigentlich leben sollen. Auch wenn also Millionen von uns nicht in die Kirche gehen, so machen wir uns doch alle Gedanken über die Frage, die so entscheidend dafür ist, wie wir uns selbst sehen: Ist das alles, was das Leben zu bieten hat?

Leben wir ein Leben der Begrenzung?

Jeder von uns kommt, bewusst oder unbewusst, zu einer Schlussfolgerung bezüglich der Frage, wer wir sind, was wir tun können, was der Sinn unseres Daseins ist, und all das wird normalerweise ohne wirkliche Beweise oder Logik erreicht. Wir glauben einfach, was wir glauben, weil wir es glauben.

Wenn wir diese Entscheidung einmal getroffen haben, verteidigen wir sie, und wir halten an diesen Überzeugungen fest. Viel zu viele von uns haben sich mit einer einschränkenden Ansicht darüber, wer wir sind und wozu wir da sind, abgefunden. Die meisten von uns sind keine Überflieger und bleiben unter ihrem Potenzial zurück.

Wir können aber nicht ändern, was uns nicht bewusst ist.

R. Buckminster Fuller sagte einmal: „Jeder Mensch wird als Genie geboren, aber im Laufe des Lebens wird das Genie erdrückt."

Mark Twain hat gesagt: „Der einzige Unterschied zwischen einer eingefahrenen Spur und dem Grab ist die Länge und die Tiefe."

In der neutestamentlichen Geschichte von einem Fischer namens Simon finden wir eine Vision von dem, was Gott für seine Kirche im Blick hatte. In allen Geschichten, die Simon betreffen, werden die Liebe, Akzeptanz, Anerkennung und Lehre Christi herausgestellt. All dies hilft Simon, sich zu verwandeln in denjenigen, der er wirklich sein soll: Simon Petrus.

Es gibt auch bei uns innerhalb und außerhalb der Kirche viele Simons, die nicht wissen, dass Gott sie liebt, sie akzeptiert, sie anerkennt, ihnen hilft und sie erzieht, damit sie sich zu der Person entwickeln, die sie werden sollen.

Gott hat einen ganz bestimmten Auftrag für jeden von uns. Die Popularität dieser extremen Optimierungs-Programme sollte uns ahnen lassen, dass wir in uns allen eine tiefe Sehnsucht nach mehr fühlen, eine Sehnsucht, deren Wurzel in der Trennung von unserem Schöpfer liegt.

Manchmal muss ich ein Auto mieten, um zu einem Seminar zu reisen. Wenn man ein Automatik-Getriebe fährt, muss man den Motor starten und gleichzeitig auf die Bremse treten – dann muss man aber die Bremsen lösen, um das Auto in Bewegung zu setzen. Viele von uns vergessen in ihrem täglichen Leben, das zu tun; wir lassen unsere Füße auf den Bremspedalen des Lebens.

Von dem Zeitpunkt an, als Simon Jesus nachfolgt, beginnt er, in Christus eine Beziehung zu finden, die Verwandlung mit sich bringt. Er sieht, wie Jesus die 5000 satt macht, wie ein Kind von den Toten auferweckt wird und wie Jesus, Moses und Elia verklärt werden. Er sieht, wie Lazarus von den Toten auferweckt wird. Er hört die Gleichnisse und bittet Jesus, sie zu erklären. Diese Momente der Krise und der Lehre schaffen Momente des Durchbruchs in Simons Denken.

Simon war imstande, großartige Aussagen zu machen, wie z.B.: „Du bist der Christus, des lebendigen Gottes Sohn" (Matthäus 16,16); „Du hast Worte des ewigen Lebens" (Johannes 6,68); „Herr, ich bin bereit, mit dir ins Gefängnis oder in den Tod zu gehen" (Lukas 22,33). Er hat auch einige schreckliche Aussagen gemacht, die in Angst wurzelten, wie z.B.: „Das widerfahre dir nur nicht!" (Matthäus 16,22), als er versuchte, Jesus davon abzuhalten, Gottes Plan zu folgen. Er ist überzeugt, dass er Jesus niemals verleugnen würde, aber dann tut er schrecklicherweise genau das. Er schläft ein, als Jesus ihn im Garten Gethsemane am meisten braucht. Er schneidet das Ohr des Dieners des Hohepriesters ab.

Trotz der Fehler von Petrus setzt Jesus ihn wieder ein und zeigt ihm die Aufgabe für sein weiteres Leben. Er wird durch die Kraft des Heiligen Geistes weiterhin in der Nachfolge wachsen.

Die Apostelgeschichte zeigt einen veränderten Simon Petrus, einen Mann, der predigt und Tausende dazu bewegt, sich einer Gemeinde anzuschließen. Er wird von den Autoritäten als ungebildet und gewöhnlich beschrieben, dennoch befiehlt er einem Mann, im Namen Christi zu gehen. Er wendet sich an die Autoritäten und spricht trotz seiner fehlenden Bildung kraftvoll zu der verwunderten Klasse der Regierenden.

Simon Petrus' Weisheit wird an zwei Stellen deutlich: Einmal als er in die Herzen von Hananias und Saphira blickt und das andere Mal, als er prophetisch darüber spricht, dass Gott sie bestrafen werde (Apostelgeschichte 5,1-11). Diese dramatische Bestrafung verursachte Furcht vor Gott.

Sein Schatten reicht aus, um alle zu heilen, und der Heilige Geist wird weitergegeben, wenn er Menschen die Hände auflegt. Wenn er in Samaria predigt, finden Tausende zu Christus. Später erfährt er eine dramatische Befreiung aus seiner Gefängniszelle.

In dieser Geschichte eines ungebildeten, gewöhnlichen Mannes steckt das Gleichnis der Transformation zu dem, was die Kirche sein soll. Wie können diese Handlungen von großartiger Weisheit und gravierenden Fehlern zu ein und demselben Menschen gehören?

Viele derjenigen, die an Gemeindeleitung beteiligt sind, lassen mehr von Simon als von Simon Petrus erkennen, und trotzdem müssen sie Gottes Volk leiten. Auch Leitungspersonen können nur so wirksam sein, wie ihre eigene Nähe zu Gott es zulässt. Manchmal haben sie nicht genug Hunger zu lernen. Leitungspersonen in einer eingefahrenen Spur denken oder agieren oft folgendermaßen:

1. „Meine Gemeinde ist die Ursache für meine Probleme."
2. „Wenn sich meine Gemeinde nur verändern würde, würde mein Leben besser werden."
3. Sie fordern, dass die Gemeinde sich verändert.
4. Sie üben Druck auf die Gemeinde aus, um sie zu ändern.
5. Sie belohnen die Gemeinde, wenn sie sich verändert.
6. „Wenn die Gemeinde sich zuerst verändert, dann ändere ich mich auch."
7. Sie äußern unverblümt ihre Gefühle gegenüber der Gemeinde.
8. Es gibt zwei Arten der Kapitulation: (1) Der Hauptberufliche, der aufgibt und die Gemeinde verlässt. (2) Der Hauptberufliche, der aufgibt und in der Gemeinde bleibt – das ist die gefährlichste Leitungsperson.

Um die Gesellschaft zu verändern, braucht es auch in unseren Leitungsstilen eine drastische und weitreichende Veränderung. Sind wir heute wie die Kinder Israels, die 40 Jahre in der Wüste umherirrten? Ich höre oft Verantwortliche in der Gemeindeleitung sagen, dass wir uns trotz der widrigen Umstände über Wasser halten. Ist das schon alles, worauf wir hoffen sollten?

Unglücklicherweise scheint die Christenheit heutzutage mehr Informationen über Gott zu haben, als Gott tatsächlich zu kennen. Es ist überhaupt nicht wichtig, wie viel man weiß, wenn man sein Wissen nicht einsetzt. Es ist überhaupt nicht wichtig, ob man Abschlüsse hat, wenn man das, was man gelernt hat, nicht anwendet. Haben wir unseren Glauben verwässert? Das Fehlen einer Vision, was Kirche ist und wie sie sein sollte, bedeutet, dass wir eine Kirchenpolitik erleben, bei der jeder nach innen schaut und die meiste Zeit über Probleme nachdenkt, die sich auf Geld, Gebäude und Gottesdienste beziehen.

- Bei der Fixierung auf Geld geht es darum, so viel wie möglich davon zu behalten.
- Die Fixierung auf Gebäude ist in vielen Gemeinden lähmend und einengend geworden.
- Die Fixierung auf Gottesdienste ist zu einer Bequemlichkeit geworden, damit wir uns schließlich einreden können, zumindest irgendetwas Lohnenswertes getan zu haben.

Wir sind Gemeinden geworden, die es akzeptabel finden, dass wir Ehrenamtliche um Arbeiten bitten. Jeder muss auf einem oder zwei Dienstplänen stehen, sonst gilt man nicht als volles, engagiertes Gemeindemitglied.

Dienstpläne sind jedoch eine Verzerrung von dem, wie Gott sich die Kirche vorgestellt hat. Das klingt vielleicht verrückt, denn wir brauchen Dienstpläne, um etwas voranzubringen, oder nicht? Aber Dienstpläne von Ehrenamtlichen haben die Idee ersetzt, dass Menschen für ihre Aufgaben beauftragt und gesalbt werden sollen.

Dwight Smith, ein amerikanischer Gemeindeleiter, sagte: „Wie niedrig müsste in Ihrer Gemeinde der Anteil an Menschen sein, die nichts aus ihrem Glauben machen, damit Sie zufrieden wären?"[20]

Das Potenzial, das wir in unseren Gemeinden haben, ist erstaunlich. Wenn dieses Potenzial nicht freigesetzt wird, ist es außerordentlich traurig. Gott hat uns alle Gaben gegeben, die wir brauchen, um sein Reich auszubreiten. Einer meiner Lieblingsverse in der Bibel ist fol-

---

20 Dwight Smith: „Why the church?", November 1998.

gender: „Denn wir sind sein Werk, geschaffen in Christus Jesus zu guten Werken, die Gott zuvor bereitet hat, dass wir darin wandeln sollen" (Epheser 2,10).

Es ist eine der größten Freuden des Lebens, jemanden aufblühen zu sehen als die Person, als die er gedacht ist.

Üben, ausstatten, lösen

Die Heiligen auf dem Weg zur Reife begleiten – das hat Jesus anscheinend mit Simon Petrus und den anderen Jüngern getan. Wenn wir aber ihrem Beispiel folgen sollen, braucht es eine große Veränderung in unserem Denken darüber, was es heißt, Nachfolger zu sein. Bisher waren wir eine pastorale Gemeinschaft, aber das erfüllt nur einen Teil der Vision, das Reich Gottes auszubreiten. Diese pastorale Denkweise hält uns zurück. Wir müssen verwandelt werden in eine Gemeinschaft, die im Bund mit Gott steht. Das pastorale Modell dient der Gemeinde. Es stellt sicher, dass jeder das bekommt, was er will, einschließlich der bevorzugten Art des Gottesdienstes. Es sorgt für seine Schafe und vergisst das ein oder andere verlorene Schaf außerhalb des Schafstalls. Das Nachfolge-Modell entdeckt die Brillanz, die in jeder Gemeinde liegt und fordert Menschen heraus, wenn sie hinter dem zurückbleiben, was sie eigentlich sein könnten.

Nachfolge ist ein Prozess, deswegen ist es so wichtig, dass es Kurse zum Glauben gibt, wie z.B. den Alpha-Kurs, Emmaus oder Spur 8, um uns bei den wichtigen und grundlegenden Fragen zu helfen.

In Markus 8,22-26 vollbringt Jesus ein Wunder, um uns etwas über den Glauben und die Freisetzung unseres Potenzials zu lehren. Markus berichtet es so: „Und er nahm den Blinden bei der Hand und führte ihn hinaus vor das Dorf, spuckte in seine Augen, legte ihm die Hände auf und fragte ihn: Siehst du etwas?" Der nun teilweise sehende Mann sagte: „Ich sehe die Menschen umhergehen, als sähe ich

Bäume." Dann hat Jesus seine Hände noch einmal auf ihn gelegt, und die Sehkraft des Mannes war vollständig wiederhergestellt.

Scheiterte Jesus bei seinem ersten Versuch, den blinden Mann zu heilen?

Natürlich nicht. Jesus hatte die Macht, den Mann schon beim ersten Mal zu heilen. Er hat sich aber entschieden, es so zu tun, wie er es getan hat.

Es ist so, als ob Jesus entschieden hat, ihn Schritt für Schritt zu heilen, ähnlich wie medizinische Heilung heutzutage stattfindet. Indem Jesus das tat, lehrte er seine Jünger, einschließlich Simon Petrus, etwas über den Glauben.

Es ist von großer Bedeutung, dass das Wunder zwischen zwei Geschichten geschah, in denen die Jünger Schwierigkeiten hatten, Jesus zu verstehen (Markus 8,14-21 und Markus 8,31-33).

Nachdem Jesus den blinden Mann das erste Mal berührt hatte, konnte der Mann sehen, aber eben noch nicht klar. Das ist wie bei den Jüngern: Ihr Verständnis darüber, wer Jesus wirklich ist, wuchs Schritt für Schritt. Sie kannten Jesus und wollten ihm nachfolgen, aber sie hatten seinen Auftrag noch nicht vollständig realisiert. Jesus hat in der Tat das Potenzial in ihnen freigesetzt, und er tat das nicht in einer Veränderung von heute auf morgen, sondern in einem schrittweisen Prozess.

Heute ist es traurigerweise oft der Fall, dass wir Menschen, wenn sie einmal spirituelle Einsichten gewonnen haben – vielleicht sind sie durch den Besuch eines Glaubenskurses zum Glauben gekommen – anschließend alleine lassen. Sie haben den Test bestanden, sie gehören dazu, und alle Glaubensfragen sind geklärt. Sind sie doch, oder? Das Problem an diesem Konzept ist, dass die Menschen in ihrem Glaubensweg steckenbleiben.

Ein sehr stark wachsender neuer Bereich wissenschaftlicher Forschung ist das Humane Genomprojekt, das daran arbeitet, die Sequenz der chemischen Basenpaare zu bestimmen, die die DNA ausmachen und die ungefähr 20.000 – 25.000 Gene des menschlichen

Genoms zu kartieren. Diese Kartierung der Gene startete im Jahr 1989 und wurde im Jahr 2004 vollendet.

Die Kirche braucht ihr eigenes Kirchen-Leib-Genomprojekt, ein Forschungsprojekt, dessen vorrangiges Ziel sein sollte, die Leidenschaften und Gaben der Kirche zu bestimmen. Wir würden sie für die Ausbreitung des Reiches Gottes kartieren, freisetzen und verfügbar machen.

Als Vater von drei wunderbaren Kindern staune ich über die riesigen Unterschiede, die die Kinder aufweisen, obwohl sie doch alle von meiner Frau und mir stammen. Jedes von ihnen hat unterschiedliche Leidenschaften, Gaben und Talente. Es ist erstaunlich, wie groß diese Vielzahl in nur einer Familie ist, und so ist es auch in der Familie der Kirche – sie ist reich an einer Vielzahl von Gaben, das Reich Gottes auszubreiten.

Wie können wir also unsere ersten Schritte vom pastoralen Modell zum Nachfolge-Modell machen?

Die folgenden vier Stichworte können helfen, das zum Vorschein zu bringen, was wir sein sollen:
* Kennen
* Ausrichten
* Kümmern
* Inspirieren

Jemanden zu kennen, bedeutet zu verstehen, dass wir alle Gottes Werk sind, gottesfürchtig und wunderbar gemacht. Jemanden auszurichten, bedeutet, ihn so zu leiten, dass er zu der Person werden kann, die er in Christus sein soll. So wie es Jesus mit Simon tat, so müssen wir Zuneigung und Kritik in den gleichen Satz bringen: „Geh weg von mir, Satan! Du bist mir ein Ärgernis" (Matthäus 16,23). Das ist das Ziel von Nachfolge: Die volle Entwicklung des eigenen Potenzials. Sich um jemanden zu kümmern, heißt, ihn so zu lieben, wie Gott ihn liebt. Jemanden zu inspirieren, bedeutet, ihn anzufeuern und zu ermutigen, wenn er hinfällt. Das tat Jesus mit Simon.

Durch die Einladung können wir uns auf den Weg machen, Jünger zu formen. Viele unserer Gemeinden haben aber gar kein Interesse daran, Menschen in die Kirchenbank zu bringen.

Sind wir heute wie Lazarus, auferweckt von den Toten, nur um in unseren Grabtüchern zu bleiben? Vieles von dem, was wir heute hören, zielt darauf ab, uns zu helfen, in Grabtüchern zu leben. So zu werden, wie Gott uns haben wollte – das sollte wirklich einer der großen Schwerpunkte der Kirche sein. Einladung bittet Menschen, auf das Fragen Gottes zu hören und dann in Gehorsam zu handeln.

Gott benutzt aber auch Niederlagen, um uns zu der Person zu formen, als die wir geschaffen wurden, wie bereits zuvor in diesem Buch besprochen.

Durch Fehler oder durch Krisen tut Gott mehr hinter unserem Rücken als direkt vor unseren Augen. Simon war nicht der einzige, der auf diese Weise verändert wurde:

- Josef wurde in die Sklaverei verkauft – aber Gott tat mehr hinter seinem Rücken als vor seinen Augen.
- David hat sich vor Saul versteckt – aber Gott tat mehr hinter seinem Rücken als vor seinen Augen.
- Mose hat einen Ägypter getötet – aber Gott tat mehr hinter seinem Rücken als vor seinen Augen.
- Die Kinder Israels wurden von den ägyptischen Heerscharen verfolgt – aber Gott tat mehr hinter ihrem Rücken als vor ihren Augen.
- Der reiche Jüngling wandte sich von Jesus ab – aber Gott tat mehr hinter seinem Rücken als vor seinen Augen.
- Nach einer schwierigen Predigt wandten sich viele Jünger von Jesus ab – aber Gott tat mehr hinter ihrem Rücken als vor ihren Augen.
- Die Jünger sind weggerannt, als Jesus verhaftet wurde – aber Gott tat mehr hinter ihrem Rücken als vor ihren Augen.
- Die frühe Kirche wurde verfolgt und floh – aber Gott tat mehr hinter ihrem Rücken als vor ihren Augen.

- Jesus wurde gekreuzigt – aber Gott tat mehr hinter dem Rücken der Jünger als vor ihren Augen.
- Wir kennen alle das Warten des Karsamstags – aber Gott tut mehr hinter unserem Rücken als vor unseren Augen.

Gott will, dass wir entdecken, wozu wir bestimmt sind. In der Bibel nahm er Sarai, und sie wurde zu Sarah. Er nahm Abram, und er wurde Abraham. Er nahm Saulus, und er wurde zu Paulus.

Ich bin nicht nur der, der ich gegenwärtig bin, und Sie sind nicht nur die Person, die Sie gegenwärtig sind. Obwohl ich Sie nicht kenne, weiß ich etwas über Sie – nämlich, dass Sie etwas Großes in sich tragen und dass Gott Ihnen die Fähigkeit gegeben hat, Dinge zu tun, die Sie sich jetzt noch gar nicht vorstellen können.

Katharina von Siena sagte einmal: „Sei so, wie Gott dich gedacht hat, und du wirst die Welt erleuchten."

Gott hat eine besondere Bestimmung und einen Zweck für jede Person:

Zum Beispiel:
- Jakobs erster Name bedeutete „Überlister". Gott änderte seinen Namen zu „Israel", „Einer, der mit Gott siegt".
- Simon war wie ein Schilfrohr – schwankend –, aber er wurde zu Petrus, was „Fels" bedeutet.
- Gott änderte Abrams Namen (er bedeutete „hoher Vater") in Abraham („Vater vieler Völker"), und den Namen seiner Frau Sarai („meine Prinzessin") zu Sarah („Mutter der Völker").

Gott hat ihre Namen geändert, um ihre Bestimmung für einen neuen Auftrag im Leben mitzuteilen.

Das Word „Genie" kommt vom Wort „Genesis" – geboren werden, ins Sein kommen. „Genie" ist das Wort für das verborgene Potenzial eines Menschen.

Was hält uns dann noch auf?

Es ist einfach, eine Frucht anzusehen, aber wenn es zu Problemen in unserer Beziehung zu Gott kommt, dann müssen wir einen Blick auf die Wurzeln werfen. Wir müssen nach der Ursache forschen und nicht auf den Schmerz blicken. Wir sind dazu bestimmt, in Fülle mit Gott zu leben. Damit wir das, was uns einzigartig macht, freisetzen können, müssen wir diese Blockaden überwinden: Selbstzweifel, Unwürdigkeit, Angst, Prägung durch Eltern, Gesellschaft und Medien – alles was unser von Gott gegebenes Potenzial unterdrückt (Neurowissenschaftler sagen, dass unser Glaubenssystem 95 Prozent unsres Denkens regiert).

Was wir in unseren ersten Lebensjahren hören, sehen und erfahren, wird in unserem Nervensystem programmiert und wird schließlich zu unserem Betriebssystem. Vielleicht haben wir das Gefühl, nicht erfüllt zu sein, dann müssen wir nach der Ursache dafür suchen.

Können Sie glauben und dennoch Probleme haben, mit denen Sie sich auseinandersetzen müssen? Simon sagte: „Mein Herr und mein Gott", und danach hat er Jesus betrogen. Es kann schwer sein für eine Person, falsches Denken oder Sünde zu bekennen. Wir sind doch schließlich alle Christen!

Wir können aber – genau wie Simon – immer noch das Falsche denken, sagen oder tun, und wir brauchen Menschen um uns herum, die uns darauf hinweisen. Suchen Sie nach dem Muster für Blockaden in Ihrem Leben und bitten Sie Gott, Ihnen all das zu zeigen, was Sie davon abhält, die Person zu werden, die Sie sein sollen.

Einer der Wege, wie ich Muster in meinem eigenen Leben erkannt habe, ist die Stille. Bei meinem ersten Besuch in Toronto verbrachte ich vier Tage in einem stillen Konvent. Zunächst war die Stille irritierend, und ich suchte nach Menschen, mit denen ich sprechen konnte. Unglücklicherweise wollten alle anderen tatsächlich das Schweigen praktizieren. Nach 36 Stunden begann ich, die Stille wert zu schätzen und fand eine Klarheit im inneren Denken und in einer

Konversation, die sehr bedeutungsvoll war. Als ich schließlich nach Hause kam, war es wie ein Schock, dort einen sehr lauten Haushalt und eine sehr laute Welt vorzufinden. Die meisten von uns können nicht ohne Lärm leben, und ich dachte, ich könnte es auch nicht. Sobald ich morgens aufwache, ist das Radio an und setzt den Rahmen für den Rest des Tages.

Wenn ich jetzt eine Ausrichtung in meinem Leben brauche, dann gehe ich normalerweise in die Dusche. Jedes Mal komme ich nicht nur sauber aus der Dusche, sondern ich habe auch den Eindruck, dass ich Gottes Reden beim Plätschern des fließenden Wassers besser höre.

Dieses Reden Gottes zeigt mir oft, dass ich mich in der Art meines Denkens oder Handelns ändern soll. Wir müssen alle lernen, uns selbst zu korrigieren. Selbstkorrektur ist die Fähigkeit, Veränderung zu beginnen und Ergebnisse auszuwerten. Wir müssen das tun, denn wir leben weit unter dem Potenzial, das Gott für uns im Sinn hatte. Unsere innere Stimme sagt uns oft, wer wir nicht sein können und was wir nicht tun können.

Das beginnt, wenn wir eine schlechte Rückmeldung bekommen. Das ist ein wenig, wie die Symptome der Krankheit im Körper zu beobachten. Bei einem Arzttermin wird der Patient nach seinen Symptomen gefragt, um dem Arzt zu helfen, die Ursache des Problems zu diagnostizieren. Es gibt eine Vielzahl von möglichen Ursachen, aber durch das Stellen einer Reihe von Fragen kreisen die Ärzte Möglichkeiten ein, und dank ihrer Übung finden sie die Ursache und können beraten, wie man die Krankheit behandelt.

Drei Werkzeuge

Um in der Lage zu sein, dies auf unserem Weg mit Gott zu tun, brauchen wir drei Werkzeuge. Das Werkzeug der Vermutung, das Werkzeug der Ermittlung, das Werkzeug des Neuschreibens.

Die Schlüsselfrage, die wir stellen müssen, bevor wir beginnen, lautet:

Wo führen mich meine Gedanken hin?

Wir scheinen von unseren Erfahrungen zu zehren, aber wir scheitern daran, aus ihnen zu lernen. Das Scheitern daran, aus unseren Erfahrungen zu lernen, ist mit der Angst verbunden, Dinge zu durchdenken.

Das Werkzeug der Vermutung

Eine sehr gute erste Frage ist: „Was würde mir einen Anhaltspunkt dafür geben, dass schlechte Gedanken eventuell mein Leben beeinträchtigen?"

Vielleicht sind wir mit unseren Erfolgen nicht vollständig zufrieden. Wir müssen nach ähnlichen Mustern und Verhaltensweisen suchen, die wir nicht mögen.

Das Werkzeug der Ermittlung

Zwei gute Fragen, die zu stellen sind: „Fördert dieses Denken ein Gefühl der Hoffnungslosigkeit bezüglich der Zukunft?" und „Verringert dieses Denken meinen Sinn dafür, wie wertvoll und mächtig Christus ist?"

Das Werkzeug der Neuschreibung

Fangen Sie Ihre eigene Geschichte ein, indem Sie sie aufschreiben. Wenn Sie sie durchlesen, dann achten Sie auf Stellen, an denen Sie Ihre Geschichte unter Kontrolle haben und zu ihr stehen, und dann schauen Sie nach Situationen, in denen Sie die Opferrolle eingenommen und sich selbst aus der Geschichte und der Verantwortung gezogen haben.

Neigen Sie dazu, Nachteile zu übertreiben oder Missgeschicke zu überhöhen? Spielen Sie Vorteile und Unterstützungen herunter? Schreiben Sie die Geschichte erneut, indem Sie alles als Ihres beanspruchen.

Fangen Sie an, ein Team von Unterstützern zu sammeln oder nehmen Sie die Hilfe eines geistlichen Begleiters in Anspruch.

Entscheiden Sie, welche Gewohnheiten Sie beherrschen wollen und fokussieren Sie sich darauf, indem Sie alles andere vorerst beiseitelegen. Setzen Sie sich diesen Erkenntnissen jeden einzelnen Tag immer wieder aus – und zwar für die nächsten drei Monate, und wenden Sie sie für ihr Leben an.

Und zu guter Letzt: Haben Sie eine Vision für Ihr Leben und seien Sie begeistert von Ihrer Zukunft!

Die Apostelgeschichte wird schließlich nicht „Der Glaube der Apostel" genannt. Simon wurde zu Simon Petrus. Der Preis, den man im Leben für Sicherheit bezahlt, ist das Fehlen der Freiheit, all das zu sein, wozu Gott einen geschaffen hat. Also streben Sie danach, die Taten der Apostel in ihrer Gemeinde fortzuführen. Erinnern Sie sich daran, dass außergewöhnliche Christen gewöhnliche Christen sind, die entdecken, dass sie außergewöhnliche Fähigkeiten haben.

Impulse zum Nachdenken:

- In welchen Bereichen leben wir möglicherweise ein Leben mit Begrenzungen?
- Wie niedrig müsste in Ihrer Gemeinde der Anteil an Menschen sein, die nichts aus ihrem Glauben machen, damit Sie zufrieden wären?
- Auf welche Weise könnten die vier Stichworte in Ihrer Gemeinde dazu beitragen, Menschen zu mündigen Christen zu machen: Kennen – Ausrichten – Kümmern – Inspirieren?
- Sind die Werkzeuge der Vermutung, der Ermittlung und des Neuschreibens nützlich für mein Leben?
- Hat Gott eine besondere Bestimmung und einen Zweck für jede Person?

Kapitel 9
Zehn Tipps zum Dranbleiben

Ist Ihre Gemeinde eine, zu der man einfach dazukommen kann? Bevor wir über die zehn Tipps zum Dranbleiben nachdenken, will ich drei Wege eines missionarischen Aufbruchs erklären:

Der erste Weg ist der Damaskus-Weg. Auf diesem Weg begegnet ein Mensch Jesus Christus, oft auf drastische Weise, und ist dann hochgradig überzeugt vom christlichen Glauben.

Der zweite ist der Wüstenweg. Hier liest man die Bibel, und irgendjemand begegnet einem und erklärt einem, was man gerade liest, und plötzlich wird der Text lebendig, und alles hat auf einmal einen Sinn.

Der dritte Weg ist der Emmaus-Weg. Da stellt einer Fragen über Gott, und ein Freund kommt dazu und geht einen Teil der Reise mit und erklärt dabei einiges.

Bei den zehn Tipps zum Dranbleiben ist der Emmaus-Weg das missionarische Modell, dem wir nachgehen wollen. Gott wird uns auf dem Weg unseres Lebens Menschen schicken, und unsere Aufgabe ist es, diese Menschen auf ihrem Weg zu begleiten und ihnen das zu erklären, was wir verstanden haben.

Viele Menschen fragen, woran man merkt, dass wir eine Gemeinde mit Willkommenskultur sind. Die beste Möglichkeit, das herauszufinden, ist, darauf zu achten, ob die Eingeladenen wieder kommen und ob sie vielleicht sogar selbst Freunde mitbringen.

Das bedeutet: Dranbleiben! Die zehn Tipps geben uns Werkzeug an die Hand, um unsere Willkommenskultur zu verbessern und die Chance zu erhöhen, neue Menschen für die Gemeinde zu gewinnen.

Tipp 1:
Denken Sie daran: Gott sandte Euch seine wertvollen Menschen.

Wir haben in den vorangehenden Kapiteln detailliert herausgefunden, wie Erstbesucher behandelt werden, wenn sie mutig genug sind, in unsere Gottesdienste zu kommen. Unsere Reaktion danach ist auch oft abweisend: „Wenn sie wieder kommen möchten, dann werden sie schon kommen", oder „Na, dann schauen wir mal, ob sie nächste Woche wieder da sind!" Es ist nicht gerade überraschend, dass momentan etwa 90 Prozent der Erstbesucher niemals wieder kommen, und oft haben wir keine Erklärung dafür, warum sie nicht wieder kommen.

Viele unserer Gemeinden sehen ihr Ziel darin, die Menschen jeden Sonntag auf eine Zwei-Stunden-Verbindlichkeit festzulegen. Das scheint mir keine zielführende Übung zu sein, wenn es darum geht, Menschen für unser Gemeindeleben zu gewinnen.

Wir müssen aber wahrnehmen, dass das alles nicht zufällig geschieht, und dass die Menschen, die an der Schwelle der Kirchentür auftauchen, von Gott gesandt sind. Was würden Sie an dem, was Sie tun, ändern, wenn Sie wirklich glauben würden, dass Gott jede Person gesandt hat, die durch unsere Kirchentür kommt?

Wenn wir begreifen, wie sehr Gott jedes menschliche Wesen liebt und was Gott durch Christus für die Menschheit getan hat, dann wird uns das helfen, die Kostbarkeit jeder einzelnen Person zu erkennen.

Jedes Mal, wenn jemand die Schwelle unserer Kirche übertritt, ist das ein heiliger Moment, und wir sollten ihn als solchen erkennen. Gott bringt diese Menschen aus gutem Grund zu Ihnen!

In der Vergangenheit hat Gott Menschen in großer Zahl in seine Kirche geschickt, aber heute wirkt Gott auf eine andere Weise. Menschen kommen nicht zufällig in unsere Kirchen.

Wir werden nie fähig sein, Gottes höchste Erwartung zu übersteigen! Gott will, dass Sie Ihren Beitrag dazu leisten, jede einzelne Person für Ihre Gemeinde zu gewinnen, die die Schwelle des Kirchengebäudes überschreitet.

Das ist der Auftrag, der Bedeutung hat, und wir müssen ihn zielstrebig verwirklichen.

Tipp 2:
Verantwortliche in der Gemeindeleitung sollten mehr Zeit mit den „Neuen" verbringen, als mit den üblichen Besuchern

Eine jüngste Umfrage der Kirche von England zum Thema „Trauung" hat gezeigt, dass verheiratete Paare die Gemeindeverantwortlichen mit der Gemeinde gleichsetzen. Das gibt uns einen wichtigen Hinweis darauf, wie Menschen, die nicht regelmäßig die Gottesdienste besuchen, die Kirche sehen.

Also bedeutet das, dass regelmäßige Besucher den Verantwortlichen in der Gemeindeleitung erlauben müssen, direkt nach dem Gottesdienst Zeit mit denen zu verbringen, die zum ersten Mal da sind, und sie sollten sie in diesem Moment nicht in detaillierte Diskussionen über Dienstpläne verwickeln. Wir müssen die Gemeindeverantwortlichen ermutigen, Neuankömmlinge nach dem Gottesdienst auch zu Hause zu besuchen.

Die einzige Möglichkeit, den Wert von Beziehung zu stärken, ist, mehr dafür zu investieren. Die einzige Möglichkeit, die Gesundheit einer Pflanze zu verbessern, ist, ihr Wasser, Sonne und Düngemittel zu geben. Sonst wird die Pflanze sterben. Der Wert von allem ist dadurch bestimmt, wie viel Ihrer Zeit Sie bereit sind, dafür einzusetzen. Der Wert einer Sache wird dadurch bestimmt, wie viel Zeit Sie ihr widmen wollen.

Tipp 3:
Einen guten ersten Eindruck machen

Wir müssen herausfinden, was Menschen heutzutage von der Kirche erwarten. Man kann das herausfinden, indem man Menschen fragt, die vor einiger Zeit einmal in der Kirche waren, oder die noch nie bei Ihnen im Gottesdienst waren.

Das klingt nach gesundem Menschenverstand, aber leider wird das häufig nicht praktiziert.

Nicht jeder will so behandelt werden, wie wir behandelt werden wollen. Manche Menschen wollen übermäßig begrüßt werden, andere wieder schätzen es, in Ruhe gelassen zu werden.

Woher also wissen wir, was die beste Herangehensweise für einzelne Personen ist?

Wir müssen uns an anderen Menschen orientieren – und das kostet Zeit und Mühe.

Wir sollten uns selbst folgende Frage stellen: Wie machen wir es Neulingen leicht, in die Kirche zu kommen.

Geben Sie sich bei den Neuen besonders viel Mühe oder führen Sie sie zumindest zu einem Platz!

Wir können die ersten Eindrücke, die Menschen vom Gottesdienst bekommen, in vier Bereiche aufteilen: Sie nehmen wahr, wie sie begrüßt (1), begleitet (2), behandelt (3) und zum Platz geführt (4) werden.

Unsere Begrüßungsteams an der Tür müssen geübt sein, damit sie wissen, wie sie einen guten ersten Eindruck machen können.

Dazu gehört:
- (1) Begrüßt: Mit einem Lächeln willkommen geheißen werden. Das scheint einfach zu klingen, aber wir waren alle schon einmal in Kirchen, in denen keiner gelächelt hat.
- (2) Begleitet: Aufgeschlossen und freundlich gezeigt bekommen, wo man Platz findet. Erinnern Sie sich daran, als Sie fremd an einem Ort waren, an dem vielleicht viele Menschen waren. Wie hilfreich kann es da sein, wenn Ihnen jemand zu Beginn eine kurze Erklärung gibt, was wo zu finden ist.

- (3) Gut behandelt: Mit Respekt behandelt werden und vielleicht sogar etwas zu essen oder zu trinken angeboten bekommen.
- (4) Zu einem Platz geführt: Zu einem gut erreichbaren, bequemen Platz geführt werden.

Tipp 4:
Die Kraft des „Lagniappe" („Warte, da ist noch mehr!" oder: „Es wird Überraschungen geben!")

In New Orleans verwendet man im Dialekt das Wort „Lagniappe" (ausgesprochen: „Lan-Jap"). Dieses Wort bedeutet „ein kleines bisschen extra". Unter den Kaufleuten in New Orleans pflegt man einen alten Brauch, dass man ein kleines, gewöhnliches Geschenk zu einem Kauf dazu gibt – vor allem für besonders große Einkäufe oder Stammkunden. Das Wort Lagniappe kommt ursprünglich vom Quechua-Wort (ursprüngliche Sprache der Andenbewohner) „yapay" (mehr geben), das zum Wort „yapa" (Geschenk) wurde, und daraus wurde das amerikanisch-spanische Worte „la napa" (Das Geschenk). Obwohl der Ausdruck Lagniappe nicht gebräuchlich ist, gibt es das zugrundeliegende Prinzip in vielen Formen in vielen Kulturen.

Hier ist ein subtiles, aber kraftvolles psychologisches Prinzip am Werk: Die Summe oder Qualität von dem, was man tatsächlich bekommt, ist nicht so wichtig, wie die Tatsache, dass es mehr ist, als man erwartet hat.

Damit „Lagniappe" am wirkungsvollsten funktionieren kann, sollte es unerwartet sein. Ein wunderbares Beispiel für dieses Prinzip ist, als Jesus für seine Jünger am Ufer Frühstück gemacht hat. Die Fische haben den Jüngern sicher besonders hervorragend geschmeckt, weil es unerwartet war, und es ist von jemanden vorbereitet worden, der sie liebte.

An Weihnachten haben die Verantwortlichen aus der Gemeindeleitung in meiner Kirchengemeinde einen Geburtstagskuchen mit

Kerzen gebacken, die wir dann gemeinsam angezündet haben. Nachdem wir „Zum Geburtstag viel Glück" für Jesus gesungen haben, wurde der Kuchen während des Gottesdienstes gegessen. Das war völlig unerwartet und ein absolut großartiger Kuchen. Die Kraft von Lagniappe!

Man könnte ein Lagniappe-Team in der Kirchengemeinde bilden (mit einem Budget), die ihre Kreativität einsetzen, um ein Gefühl der Wertschätzung zu vermitteln, um Freude zu schaffen und um zu zeigen, wie sehr Gott jeden von uns liebt. Der Psychologe William James sagte: „Die höchste Maxime der menschlichen Natur ist der Wunsch nach Wertschätzung."

Wertschätzung verändert Dinge. Ich habe ein Zitat von Mutter Teresa leicht verändert: „Sei gütig und barmherzig. Lass niemanden jemals in unsere Kirche kommen, ohne dass er ein wenig glücklicher wieder weggeht."[21]

Menschen leben auf, wenn wir sie würdigen und wertschätzen.

Wer könnte ein Team bilden, um so etwas zielgerichtet und dauerhaft entstehen zu lassen?

Vergessen Sie nicht: Was sie machen, muss unerwartet sein, dann wird es umso besser wirken.

Das Lagniappe-Team könnte folgende Worte zu ihrer Vision machen: Treffen, um zu übertreffen, um zu erfreuen und um zu verwundern.

Hier ist eine Idee für Anfänger. Wie wäre es damit, den Spitzenkoch aus Ihrer Umgebung einzuladen, und die ganze Gemeinde mit einem üppigen Mahl zu bewirten. Wenn das in Ihren Ohren komplett lächerlich klingt, dann vielleicht deswegen, weil sich Ihre Gedanken beim Thema Kirche nur um den Gottesdienst drehen.

Sind Sie bereit, eine bemerkenswerte Kirchengemeinde zu werden, wo Menschen kommen können und geliebt, respektiert und überrascht werden?

---

21 Das Originalzitat lautet: *„Sei gütig und barmherzig. Lass nicht zu, dass du jemandem begegnest, der nicht nach der Begegnung mit dir glücklicher geworden ist."*

Wenn Sie Wertschätzung intensivieren, dann wird nicht nur die normale Gemeinde den Gottesdienst nicht verpassen wollen, sondern auch die Menschen, die das erste Mal kommen. Sie werden ein zweites und auch ein drittes Mal kommen. Wenn sie immer wieder zurückkommen, dann entwickeln sie eine Gewohnheit. Das klingt so ungeistlich, aber gute Gewohnheiten sind schwer zu entwickeln, aber man lebt gut damit, während schlechte Gewohnheiten sich einfach entwickeln, aber man kann nur schlecht damit leben.

Die Kraft von Lagniappe wird nur von Ihrer eigenen Vorstellungskraft begrenzt!

Tipp 5:
Üben Sie „Würden Sie die Kontaktkarte ausfüllen."

Es ist eine einfache Frage, aber man wird das in der Kirche nicht so oft gefragt, wie man es sollte. Man muss einige Schritte tun, bevor diese Frage gestellt werden kann. Zuerst braucht es so eine Kontaktkarte; dann brauchen wir einen gut zugänglichen Platz, um die Zettel auszulegen; und drittens brauchen wir ein funktionierendes System, wo die Frage gestellt wird und Neulinge in Betracht ziehen, den Zettel auszufüllen.

Die Formulierung der Frage muss dem Besucher erlauben, in aller Freiheit „Nein" zu sagen, ohne in Verlegenheit geraten zu müssen und mit dem Gefühl, dass es völlig in Ordnung ist.

Manche Menschen werden nachfragen, wozu sie das Formular ausfüllen sollen. Wir müssen die Antwort auf diese Frage wissen. Eine mögliche Antwort könnte sein, dass wir Menschen über einige unserer kirchlichen Aktivitäten informieren möchten. Oder die Verantwortlichen in der Gemeindeleitung hätten gerne ihren Namen, ihre Adresse und Telefonnummer, damit man sie einmal anrufen kann.

Tipp 6:
Kontaktieren Sie erstmalige Besucher innerhalb einer Woche, wenn nicht sogar innerhalb von 36 Stunden.

Eine handgeschriebene Karte zeigt, dass Sie sich Zeit genommen haben, Wertschätzung gegenüber Ihren Besuchern auszudrücken.

Ein Anruf der Wertschätzung dankt dem Besucher ganz einfach für den Besuch. Es ist wie ein Danke-Brief, und man benutzt die Stimme statt eines Papiers und eines Stifts.

Denken Sie darüber nach, wie Sie es machen würden, wenn Ihre Gemeinde sich in einem Tag verdoppeln würde. Was wäre, wenn es eine große Tauffeier gäbe – wie würden Sie es dann tun? Durchdenken Sie es und haben Sie einen Plan parat.

Tipp 7:
Gehen Sie und besuchen Sie erstmalige Gottesdienstbesucher zu Hause.

Rufen Sie an und fragen Sie, ob Sie zu Besuch kommen dürfen. Ein Besuch von Angesicht zu Angesicht ermöglicht es, zwischen den Zeilen das zu hören, was Menschen sagen, und Sie können diesen Menschen dabei helfen, Gottes Berufung in ihrem Leben zu entdecken.

Tipp 8:
Schicken Sie drei Einladungen zu Aktionen der Gemeinde, die Spaß machen.

Laden Sie zum Abendessen ein, zu einer Film-Nacht, zu einem Quiz, zu einer Wanderung oder was Ihnen eben so einfällt!

Tipp 9:
Stellen Sie den Kontakt zu einer Kleingruppe her

Unsere Verbindlichkeit füreinander, bei der sich tiefe Beziehungen bilden, ist so wichtig für Gott. Enge Freundschaften und Kleingruppen sind wichtig, denn in Kleingruppen können diese tiefen Beziehungen wachsen.

Paulus hat in Römer 16 lebendig aufgezeigt, wie in der frühen Kirche Gemeinschaft oft durch gemeinsames Essen gelebt wurde. Es gibt nur wenige Dinge, die effektiver sind, Gemeinschaft zu bilden, als miteinander zu essen. Vielleicht ist die frühe Kirche zum Teil deswegen so schnell gewachsen, und sogar in den Zeiten der Verfolgung. Diese Kombination von Essen und Kleingruppen ist Teil des großen Erfolges der Alpha-Glaubenskurse in unserer Zeit.

Kleingruppen, die ihren Fokus auf unterschiedliche Phasen des Lebens richten, sind wunderbar, um die Beziehung mit Gott zu pflegen. Sie schaffen Gemeinschaft und Kameradschaft. Dazu gehören:
- Jugendgruppen
- Junge Erwachsene
- Paare (verliebt, verlobt, frisch verheiratet, mit Kinder, ohne Kinder, jung, alt)
- Senioren

Während der Erweckung hat John Wesley geschlechterspezifische Bibelgruppen gefördert, die den Menschen geholfen haben, miteinander zu teilen:
- welche Sünden sie begangen haben
- welchen Versuchungen sie ausgesetzt waren
- welche Gnadenmittel Gott öffnet (Schrift, Gemeinschaft, Möglichkeiten)

Tipp 10:
Verwandeln Sie ihr Willkommens-Team in ein „Dranbleibe-Team"

Es ist an der Zeit, einen neuen Dienst in der Kirche zu gründen. Er existiert ziemlich sicher schon in einzelnen Gemeindemitgliedern, wird aber selten wahrgenommen oder bestätigt. Es ist der Dienst der Beziehung. Wir müssen diesen Dienst beginnen und Menschen dafür freisetzen. Unsere Kirche hat Gastfreundschaft von Weltklasse zu bieten und kann sicherstellen, dass jede neue Person oder Familie einen Begleiter hat, der sie auf ihrem eigenen Emmausweg begleitet.

Sind Sie eine Gemeinde, in der Menschen Freunde finden können?

Ich glaube, dass unser „Dranbleibe-Team" in meiner Kirchengemeinde dafür sorgen wird, dass die erstmaligen Besucher zum Gemeindeleben Zugang finden. Als meine Familie und ich in eine neue Gegend gezogen sind, wollten wir die Kirchengemeinden in der Umgebung ausprobieren. Wir haben nur eine Gemeinde besucht – und zwar wegen Margaret Bennett. Margaret sah ihre Aufgabe darin, meine Familie und mich mit Menschen aus der Kirchengemeinde bekannt zu machen. Margaret hat sich mit uns angefreundet und hatte immer ein Auge auf uns, um sicherzustellen, dass wir mit Menschen in der Gemeinde im Gespräch sind. Sie hatte den pastoralen Dienst des „Dranbleibens".

Der Dienst der Beziehung versucht, die Gemeinde als einen Ort zu gestalten, „wo jeder deinen Namen kennt". Vor und nach jedem Gottesdienst sollte dieses Team ein kurzes Treffen haben, um daran zu arbeiten, wie man in den Bereichen der Gastfreundschaft und der Willkommenskultur besser werden kann.

Gastfreundschaft der ganzen Gemeinde

Das Konzept der gesamtgemeindlichen Gastfreundschaft liegt den zehn Tipps zum Dranbleiben zugrunde. Dieses Konzept besagt, dass jeder in der Gemeinde als Gastgeber befähigt ist. Können Sie eine Gemeinde werden, in der Gastfreundschaft ein Akt des Gottesdienstes ist?

Wir brauchen Gemeindemitglieder, die sich wie Eigentümer und Gastgeberinnen benehmen und nicht wie Gäste. Sie sollten nicht nur wie eine Gastgeberin handeln, sondern die Gastgeberin sein. So wie Jesus die Schale und das Tuch in die Hand nahm, so müssen wir auch unsere Hände nass (und schmutzig) machen.

Wer auch immer in der Nähe eines neuen Besuchers sitzt, muss die Möglichkeit erkennen, für diesen Besucher Gastgeber zu sein. Um das aber zu tun, müssen wir darüber nachdenken, wie wir die regelmäßigen Mitglieder unserer Gemeinde behandeln. Fühlen sie sich geliebt und willkommen? Menschliche Wesen mit Herz und Seele sind die Botschafter Gottes. Wir sollten auf die Qualität achten, die wir in den vier Wänden unserer Kirche anbieten. Im persönlichen Umgang miteinander zeigt sich unser wahres Gesicht.

Traurigerweise konzentrieren sich die meisten Gemeinden darauf, das Geschäft am Laufen zu halten, statt über diese Themen nachzudenken. Man kann das am Sonntagmorgen beobachten, wenn die Gemeindemitglieder mit unterschiedlichen Aufgaben beschäftigt sind, um den Gottesdienst vorzubereiten. In unserer Geschäftigkeit verpassen wir oft die Möglichkeit, Gastgeber zu sein.

Wenn ich die Geschichten von Menschen höre, die nach ihrem ersten Gottesdienstbesuch wiederkommen und bleiben, dann erzählen sie mir oft von jemandem aus der Gemeinde, der sich Zeit genommen hat, um mit ihnen in Beziehung zu treten. Die Wahrheit ist, dass jede einzelne Person in der Gemeinde immer die ganze Kirche repräsentiert.

Wir sind der „30-Sekunden-Werbespot" unserer Gemeinde. Die beste Möglichkeit, Wachstum in Ihrer Gemeinde freizusetzen, ist durch Mund-zu-Mund-Propaganda. Was wird über Ihre Kirchengemeinde weitergesagt?

Mündige Gastgeber mit Eigeninitiative werden dazu führen, dass Menschen neu zu Ihrer Gemeinde dazukommen. Wundervolle Gastfreundschaft wird dazu führen, dass viele Menschen die Schwelle Ihrer Kirche überschreiten werden! Wenn Sie sich gut um Menschen kümmern, die zum ersten Mal da sind, werden diese Tore öffnen, die Sie selbst niemals hätten öffnen können.

Wie geht man also vor, um eine Beziehung mit jemandem aufzubauen, den man nicht wirklich kennt? Wir müssen uns an das eine wahre Geheimnis von guter Gastfreundschaft erinnern und danach handeln: Man wird nach dem beurteilt, was man tut, nicht nach dem, was man sagt. Wie können Ihre Gemeindemitglieder durch ihre persönliche Note zu einer qualitativen Verbesserung der Gastfreundschaft beitragen? Wem kann ich heute dazu verhelfen, dass er sich wohl fühlt?

Tun Sie Ihrem Ort etwas Gutes und setzen Sie das Konzept der Gastfreundschaft in die Tat um.

Und wo wir gerade dabei sind: Was sagt man auf den Straßen in Ihrem Ort über Ihre Gemeinde? Sind da Menschen guten Willens in ihrer Kommune, die Ihre Gemeinde weiterempfehlen, ohne danach gefragt zu werden? Ich meine damit nicht Menschen aus Ihrer Kirchengemeinde, sondern die, die noch nicht kommen. Bauen wir Beziehungen auf mit Menschen, die großen Respekt für uns haben und für das, wofür wir stehen?

Wer sind Ihre Fürsprecher an Ihrem Ort, die Schlüsselfiguren in puncto Einflussnahme in Ihrer Gegend? Es geht nicht darum, dass Menschen bereit sind, ein gutes Wort für Sie einzulegen, wenn man sie danach fragt; es geht darum, dass sie das tun, ohne gefragt zu werden.

Wenn Sie zu den Verantwortlichen für die Gemeinde gehören, dann ziehen Sie in Betracht, jede Woche genau so viel Zeit dafür aufzuwenden, das Konzept der Gastfreundschaft in Ihre Gemeinde einzubetten, wie Sie sich auch Zeit für die tatsächliche Planung des Gottesdienstes nehmen.

Eine Überbetonung beim Gottesdienst schadet der einfachen Mission.

Stellen Sie sicher, dass sich bei Ihnen eine Kultur der Gastfreundschaft in der Gemeindeleitung abbildet:
1. Geben Sie der Gemeinde die Vollmacht, Gastgeber zu sein.
2. Predigen und ermutigen Sie zu individuellen Initiativen.
3. Ermöglichen Sie das Konzept von „Lagniappe".

Wissen wir sicher, was wir erreichen wollen? Wir versuchen, normale Gemeindemitglieder in außergewöhnliche Gastgeber zu verwandeln, damit Menschen, die die Schwelle zu unserer Kirche überschreiten, sich fühlen, als wären sie die wichtigste Person der Welt. Christus hat gezeigt, wie wichtig jeder von uns für Gott ist, und wir müssen das auch zeigen.

Impulse zum Nachdenken:

- Sind Sie in einer Gemeinde, zu der man einfach Zugang findet? Wie viele der Eingeladenen kommen wieder?
- Welcher Weg des Glaubens liegt Ihrer Geschichte zugrunde? Damaskus – Wüste – Emmaus oder ein anderer?
- Wenn Sie wirklich daran glauben würden, dass jede Person, die in ihre Gemeinde kommt, von Gott gesandt ist, was würden Sie an ihrem Handeln ändern?
- Wie könnten wir die Kraft von „Lagniappe" nutzen? Können Sie eine Gemeinde werden, wo Gastfreundschaft ein Akt des Gottesdienstes ist?
- Was wird auf den Straßen Ihres Ortes über Ihre Kirchengemeinde gesagt? Sind da Menschen des guten Willens an Ihrem Ort, die Sie – ohne danach gefragt zu werden – weiterempfehlen?

Schlussfolgerung
Einladung zu etwas Selbstverständlichem machen:
Ein Feuer entfachen, das nicht aufzuhalten ist

Wir alle haben Verwandte, für die wir beten, in der Hoffnung, dass sie eines Tages zurück zu Gott finden, z.B. Eltern, ältere Verwandte, Brüder und Schwestern, Söhne oder Töchter, Nichten und Neffen. Vielleicht haben sie ihren Kinderglauben hinter sich gelassen, haben ihn am Wegesrand fallen lassen, aber wir beten, dass sie eines Tages auf den Ruf zurück zu kommen, antworten werden. Gerade wegen unserer Beziehung hören sie uns manchmal nicht zu, wenn wir über Gott sprechen.

Auch wenn es uns nicht möglich ist, bedeutet es noch lange nicht, dass es anderen nicht gelingen könnte, unsere Liebsten zu erreichen. Hat man ein Kind im Teenageralter, das nicht mit einem selbst sprechen möchte, so kann man doch meist an der Telefonrechnung die Bereitschaft des Kindes erkennen, mit anderen tiefe Gespräche zu führen. Wir können also umgekehrt ebenso die Familien anderer erreichen.

Ein Bischof hat mir einmal erzählt, dass sein Bruder, der seit Jahren keine Kirche mehr betreten hatte, vom Direktor der Schule, an der er unterrichtet hat, eingeladen worden ist, in die Kirche zu gehen. Seitdem hat er nicht aufgehört, den Gottesdienst zu besuchen. Der Bischof hatte seit Jahren für seinen Bruder gebetet, weshalb er sich sehr über diese Wende gefreut hat, auch wenn er selbst ihn nicht erreichen konnte.

Können wir Einladungen zu etwas Selbstverständlichem machen und ein Feuer entfachen, das man nicht mehr aufhalten kann?

Können wir uns vorstellen, dass Menschen tatsächlich völlig selbstverständlich an irgendeinem normalen Sonntag einladen, statt auf einen besonderen Sonntag zu warten?

Was hält uns vom Einladen ab?

Wir haben schon über den Gedanken nachgedacht, dass die Kultur die Strategie zum Frühstück verspeist. Man muss aber nicht nur die gemeindliche Kultur, sondern auch die Kultur der Gemeindeleitung in den Blick nehmen und überprüfen. Ich habe herausgefunden, dass die meisten Verantwortlichen für Gemeinden bereit sind, eine Initiative einmal auszuprobieren, damit sie diese dann für sich als Möglichkeit ausschließen können. Anfang 2011 habe ich mit den Beauftragten unserer Kirche für Mission und Kommunikation in sieben regionalen Treffen einige Untersuchungen durchgeführt. Auf jedem einzelnen wurde mir eine Anzahl von Gründen geliefert, warum Gemeinden abgeneigt sind, einzuladen:

- „Ich kann an diesem Sonntag nicht kommen", sagte die Person, die eingeladen wurde. „Okay, dann frage ich nächstes Jahr wieder."
- Was passiert, wenn zwei unterschiedliche Gemeinden ein und dieselbe Person einladen?

Ich fragte dann, warum Gemeinden nicht noch einmal einladen, nachdem sie es ein- oder zweimal versucht haben. Hier sind die Antworten, die ich bekommen habe:

- Wir haben es probiert, aber es hat nicht funktioniert.
- Warum würde man jemanden zu so etwas einladen wollen? (Gefühle der Scham bezüglich der Gottesdienste).
- Der Termin ist zu nahe am Erntedankfest. / Es ist der falsche Zeitpunkt im Jahr.

- Es gibt einfach zu viele Programme, die gerade laufen, um noch etwas zusätzlich zu machen (Überlastung mit Initiativen).
- Menschen sind gekommen, aber sie sind nicht geblieben (Enttäuschung).
- Die Bischöfe sind dagegen. / Die Gemeindeleitung unterstützt es nicht, weil es nicht ihre eigene Idee war.
- Es gibt niemanden, den man einladen könnte. / Es fehlt an Freunden außerhalb der Gemeinde.
- Club-Kirche: Alle Aktivitäten zielen darauf ab, die gegenwärtige Gemeinde zufriedenzustellen.
- Niemand ist eingeladen worden.
- Gemeinden mit verhältnismäßig vielen Gemeindemitgliedern sind mit ihrem Zustand zufrieden.
- Es wird nicht funktionieren.
- Die Hauptberuflichen kriegen es nicht geregelt. / Es gibt keine Vorbereitung.
- Die Verantwortlichen in der Gemeindeleitung wollen lieber nicht scheitern.
- Unsere nationale Kultur: Wir sprechen nicht über religiöse Überzeugungen.
- Ich weiß nicht mal, warum ich selbst hingehe.
- Erfolg hält das Geschäft am Laufen, und Überleben ist ein Maßstab von Erfolg.
- Wir sind eine wachsende Gemeinde und laden jeden Sonntag ein.
- Ich habe versucht einzuladen, aber sie sind nicht gekommen.
- Ich habe einen großen Stapel Einladungen hinten in die Kirche gelegt.
- Allgemeiner Überdruss an missionarischen Aktivitäten.
- Den Auftrag zur Einladung zu erwähnen, konfrontiert uns mit unseren eigenen Versäumnissen in diesem Bereich, was unangenehm sein kann.
- Verwaltung nimmt alle Energie in Anspruch.
- Wenn Gemeinden zu klein werden, ist es vielleicht das Beste, wenn sie sterben.

- Der Gottesdienst ist so weit weg von den Menschen – wir sind einfach nicht relevant für die Gesellschaft, also warum sollten wir einladen?
- Es fehlt an Vertrauen in Gott.
- Die Menschen haben unrealistische Erwartungen.
- Verantwortliche in der Gemeindeleitung mögen es nicht, wenn man ihnen sagt, was sie tun sollen – jede Anleitung, die hierarchisch von einer höhere Ebene kommt, wird als Einmischung wahrgenommen.
- Ich mag es nicht, die Materialien von der Homepage zu bestellen – weil die Verwaltungssysteme kompliziert wirken, werden wir keinen Einladungssonntag durchführen.
- Der finanzielle Bedarf der Gemeinde wird sich erhöhen – mehr Menschen bedeutet größere finanzielle Beiträge, die die Mitglieder aufbringen müssen.
- Ist das der richtige Sonntag, Menschen einzuladen?
- Wie können wir die Dynamik beibehalten? Wir haben das jetzt schon fünf Mal gemacht.
- Wenn man jemanden zum Gottesdienst einlädt, dann ist da ein Gefühl von Risiko, und man verliert die Kontrolle.
- Wir wurden nie gebeten einzuladen.
- Es gibt keinen lokalen Verfechter in der Gemeinde.
- Man hat Probleme, die Geistlichen dafür zu begeistern.

Diese Antworten zeigen die Kultur, die die Gemeindeverantwortlichen in Angriff nehmen müssen. Es betrifft aber genauso ihre Kultur der Leitung. Laut dieser langen Liste scheinen beträchtliche Blockaden überwunden werden zu müssen, bevor wir selbstverständliche Einladung entfachen können. Die meisten der Antworten könnten eigentlich unter drei Überschriften zusammengefasst werden, die lauten:
1. Es hat nicht funktioniert.
2. Die Gemeinden sind nicht selbstbewusst genug, um Menschen zu ihren Gottesdiensten einzuladen.

3. Der Termin ist zu nahe am Erntedankfest. / Der Tag findet zum falschen Zeitpunkt im Jahr statt.

1. Es hat nicht funktioniert
Diese Antwort tritt in verschiedenen Gestalten auf, z.B.:
a) Wir haben in der ganzen Umgebung Zettel verteilt.
b) Niemand hat irgendjemanden eingeladen.
c) Die Gemeinde hat eingeladen, aber die Menschen haben „Nein" gesagt.
d) Die Gäste kamen, sind aber in der Woche darauf nicht wieder gekommen.

Das ist der mächtigste Grund, der selbstständige Einladung verhindert. Aber wie viele Dinge hat Jesus getan, die – menschlich gesprochen – nicht funktioniert haben. Was ist mit dem reichen Jüngling, der sich abgewendet hat, oder Judas, der Jesus verraten hat, oder den Jüngern, die weggelaufen sind, oder Petrus, der ihn verleugnet hat, oder mit der Tatsache, dass er daran gescheitert ist, seine Botschaft den Jüngern zu erklären? Hat es bei Jesus immer funktioniert?

a) Wir haben in der ganzen Umgebung Zettel verteilt
Der ständige Schwall von Prospekten, die an unserer Tür landen, gehört zum modernen Leben. Wir nehmen diesen Eingriff in Kauf, aber wir wissen alle, dass das meiste an Werbepost direkt im Mülleimer landet. Für die Geschäftswelt scheint sich dieser Schwall an Prospekten zu lohnen, sonst würden sie den Aufwand nicht betreiben, doch der Ertrag im kirchlichen Bereich ist sehr gering.

Als Kirche muss uns auch bewusst sein, dass jeder sich besonders fühlen möchte. Tatsächlich ist jeder besonders, denn der Psalmist sagt, dass wir wunderbar und einzigartig gemacht sind (Psalm 139,14). Massenversand lenkt uns von dem Pfad ab, Menschen daran zu erinnern, dass sie von Gott geliebt und geschaffen sind.

b) Niemand hat jemanden eingeladen

Es sieht nach Scheitern aus, aber tatsächlich ist es ein wirklicher Durchbruch zu wissen, dass Ihre Gemeinde ein Problem mit dem Einladen von Familien und Freunden hat. Hat Gott Sie auf diesen Bereich aufmerksam gemacht, um die Menschen zu lehren und zu unterweisen?

c) Die Gemeinde hat eingeladen, aber ihre Gäste haben Nein gesagt

Ist das nicht trotzdem ein Erfolg? Die Gemeinde hat eingeladen und bekam Antwort von den Gästen. Erfolg ist es, wenn eine Person eine andere einlädt. Bei einigen werden wir nie erfahren, was Gott in ihrem Leben bewirkt. Schon die Tatsache, dass eine Gemeinde diese Person durch eine Einladung berührt hat, ist unglaublich tiefgründig. Jesus hat uns gelehrt, dass es der Erfolg des Sämanns war, weiter zu säen. Wir müssen weiter einladen.

d) Die Gäste sind gekommen, aber sie kamen kein zweites Mal

Wir müssen fragen und herausfinden, ob sie noch einmal eingeladen wurden oder ob es den Gästen überlassen wurde, von selbst wieder zu kommen. Doch auch wenn sie nur einmal gekommen sind, haben sie dennoch aus der Bibel gehört, haben am Gottesdienst teilgenommen, und der Gottesdienst kann ihr Leben berührt haben. Wir können niemals wissen, was Gott langfristig aus einer Einladung machen wird.

In der heutigen erfolgshungrigen Kirche würden wir wahrscheinlich den Auftrag an die 72 Jünger, die von Jesus ausgesandt wurden, neu aufschreiben, und danach fragen, ob sie überhaupt Erfolg hatten. Erinnern Sie sich, dass Jesus vorhergesehen hat, dass sie den Staub von ihren Füßen abwischen müssen und dass Menschen sie nicht willkommen heißen werden (Lukas 10,11).

„Es hat nicht funktioniert" ist in der erfolgshungrigen Kirche die fast schon lächerliche, vorherrschende Haltung. Lassen Sie uns das Denken der heutigen Kirche mit dem der Kirche des ersten Jahrhunderts vergleichen:

- Am Pfingsttag haben sich einige über sie lustig gemacht („Es funktioniert einfach nicht"). Dann ist Petrus aufgestanden!
- Petrus und Johannes wurden von den Machthabern ergriffen und eingesperrt („Es funktioniert einfach nicht"). Dann wurde Petrus mit dem Heiligen Geist und mit Mut erfüllt.
- Die Apostel wurden von neidischen Sadduzäern eingesperrt („Es funktioniert einfach nicht"), aber als sie freigelassen wurden, haben sie weitergemacht und die gute Nachricht verkündigt.
- Die Apostel wurden ausgepeitscht („Es funktioniert einfach nicht"), aber sie frohlockten, „weil sie würdig gewesen waren, um Seines Namens willen Schmach zu leiden" (Apostelgeschichte 5,41).
- Stephanus wurde ergriffen und vor Gericht gestellt („Es funktioniert einfach nicht"). Er wurde zu Tode gesteinigt, und sie legten ihre Mäntel zu den Füßen des Saulus.
- Verfolgung setzte ein. Gute Männer wurden ins Gefängnis geschleppt („Es funktioniert einfach nicht"), aber sie wurden verstreut bis nach Phönizien, Zypern und Antiochien, und sie brachten die gute Nachricht überall dorthin, wo sie waren.
- Saulus sprach mörderische Drohungen gegen die Jünger des Herrn aus („Es funktioniert einfach nicht"), aber auf dem Weg nach Damaskus begegnete er dem auferstandenen Jesus und bekehrte sich.
- Paulus predigte in den Synagogen mit Vollmacht, aber die Machthaber verschworen sich, ihn zu töten („Es funktioniert einfach nicht"). Doch es wurde ein Korb bereitgestellt, um ihn in Sicherheit zu bringen.
- Dann genossen sie eine Zeit des Friedens.
- Nach einer Weile hat König Herodes Jakobus, den Bruder des Johannes, hingerichtet und Petrus ins Gefängnis gesperrt („Es funktioniert einfach nicht"). Aber ein Engel löste die Fesseln, Herodes wurde bezwungen, und das Wort Gottes verbreitete sich weiter.
- In Antiochien predigten Paulus und Barnabas das Wort Gottes mit Vollmacht, aber die führenden Bürger schürten eine Verfolgung gegen sie an und vertrieben sie aus der Region („Es funktioniert

einfach nicht"). Dennoch verbreitete sich das Wort Gottes in dieser Region.
- In Ikonion entdeckten Paulus und Barnabas ein Komplott, sie zu steinigen, und flohen daher nach Lystra („Es funktioniert einfach nicht"), aber dennoch fand eine große Anzahl an Juden und Griechen in Ikonion zum Glauben.
- In Lystra wurde der Plan, Paulus zu steinigen, dann von Bürgern (aus Ikonion, die ihnen gefolgt waren), ausgeführt und der schwer verletzte Paulus wurde sich selbst überlassen („Es funktioniert einfach nicht"). Aber viele glaubten, und Paulus wurde gerettet.
- Es gab eine Meinungsverschiedenheit zwischen Paulus und Barnabas über Johannes Markus („Es funktioniert einfach nicht"), aber zwei gingen nach Zypern und zwei weitere nach Syrien und Zilizien, wo sie die Botschaft verkündeten.
- Paulus und Silas wurden verhaftet, eingesperrt, ausgepeitscht, und ihre Füße wurden an den Schandstock geschnallt („Es funktioniert einfach nicht"). Sie aber sangen Loblieder, und ein Erdbeben erfolgte, das die Gefängnistüren öffnete und sie von ihren Ketten befreite. Der Gefängniswärter bekehrte sich zu Christus.
- Die Juden waren neidisch, und so begannen sie einen Aufstand in Thessalonich und schleppten die Gläubigen vor die städtischen Amtsleute („Es funktioniert einfach nicht"). Aber die Gläubigen sandten Paulus und Silas nach Beröa, wo viele glaubten.
- Die Juden von Thessalonich kamen und verursachten Probleme in Beröa („Es funktioniert einfach nicht"), und so ging Paulus nach Athen, wo einige spotteten und andere Nachfolger wurden.
- In Korinth wurden die Juden beleidigend gegenüber Paulus („Es funktioniert einfach nicht"), so ging er zu den Heiden, und viele von ihnen wurden Gläubige.
- Getrieben vom Heiligen Geist ging Paulus Richtung Jerusalem. Wo auch immer er hinkam, wurde er vom Heiligen Geist davor gewarnt, dass Bedrängnis und Gefängnis auf ihn warten („Es funktioniert einfach nicht"). Aber Paulus konnte dem Jerusalemer Rat von vielen Tausenden Gläubigen unter den Heiden berichten.

- Paulus wurde vor dem Mob gerettet und in Jerusalem von römischen Soldaten verhaftet („Es funktioniert einfach nicht"). Er sprach zu einer großen Menge, die ihn ablehnte, aber als er gerade von den Soldaten ausgepeitscht werden sollte, sagte Paulus, dass er ein römischer Bürger sei, und sie beendeten das Peitschen. Er bezeugte vor dem Sanhedrin.
- Paulus wurde vor einer Verschwörung, ihn zu töten, gerettet. Er wurde nach Cäsarea gebracht, wo er schließlich vor Felix aussagen musste. Dieser ließ Paulus für zwei Jahre im Gefängnis („Es funktioniert einfach nicht"). Aber Paulus wurde letztendlich vor Festus, den Nachfolger von Felix und König Agrippa, gebracht, vor dem er auch aussagen musste („Es funktioniert einfach nicht"). Doch er legte beim Kaiser Widerspruch ein und wurde nach Rom gesandt.
- Paulus erlitt Schiffbruch, und das Schiff wurde zerstört („Es funktioniert einfach nicht") Aber der römische Zenturio wollte das Leben von Paulus verschonen.
- Paulus wurde auf Malta von einer Schlange gebissen („Es funktioniert einfach nicht"), aber dann betete er für den Vater des Hauptmanns, der geheilt wurde.
- Paulus hat schließlich Rom erreicht und wurde zwei ganze Jahre bewacht („Es funktioniert einfach nicht"). Während dieser Zeit konnte er Menschen empfangen und zu ihnen predigen.

Der Fluch der Erfolgsgier der heutigen Kirche kann mit dem Satz zusammengefasst werden „Es funktioniert einfach nicht." Wo ist das Rückgrat der heutigen Kirche? Wir müssen uns daran erinnern, dass Gott das Leben in bestimmte Zeiten eingeteilt hat. Die Winterzeit kann Enttäuschungen mit sich bringen, und Enttäuschung ist uns allen bekannt. Deswegen müssen wir lernen, mit den Winterzeiten unseres Lebens umzugehen. Wir müssen lernen, mit Unglück umzugehen. Und wir dürfen darauf vertrauen, dass auf den Winter der Frühling folgt – mit all seinen Möglichkeiten.

Dr. Denis Waitley sagt: „Misserfolg ist der Dünger für Erfolg."[22]
Der Autor und Sprecher Jim Rohn schreibt:
> „Die große Frage ist: Was tun Sie bezüglich des Winters? Sie können den Januar nicht loswerden, indem Sie ihn einfach vom Kalender wegreißen. Aber Folgendes können Sie tun: Sie können stärker werden; Sie können klüger werden; Sie können besser werden. Merken Sie sich diese drei Worte: Stärker, klüger, besser. Die Winter werden sich nicht ändern, aber Sie können sich ändern.[23]"

2. Die Gemeinden sind nicht selbstbewusst genug, Menschen zu ihren Gottesdiensten einzuladen

Wir haben als Kirche das Vertrauen in das, was wir tun, verloren. Das liegt hauptsächlich an unseren Gottesdiensten. Wir sind überzeugt, dass wir es viel besser machen müssen als bisher. Manchmal denken wir, dass Kirche nur der Gottesdienst ist. Deshalb denken wir Folgendes:

a) Warum würden wir unsere Freunde zu einer derartigen Veranstaltung einladen wollen?

Es ist letztlich eine Art Pflichtgefühl, aufgrund dessen viele von uns doch regelmäßig zum Gottesdienst gehen.

Es ist ein Gottesdienst für Gott, aber viele von uns erwarten eigentlich vom Gottesdienst, dass er etwas für sie tut. Wir wollen unterhalten werden, denn es gibt ja schließlich so viele andere Dinge, die wir am Sonntagvormittag hätten tun können, oder nicht? Das ist aber sicher die falsche Frage. Die Frage sollte sein, wie wir Gott ausreichend dienen können. Geht es um uns oder um Gott?

Oder wir sagen uns selbst:

---

22 Dr. Denis Waitley: The Winners Edge: The Critical Attitude of Success, Berkley Books, 1985.
23 Jim Rohn: The Seasons of Life, Discovery Publications, 1983.

b) Meine Freunde wären einfach nicht interessiert
Wir denken viel über unsere Freunde nach, und wir stellen Vermutungen über sie an, die uns davon abhalten, sie überhaupt einzuladen. Diese Vermutungen könnten vielleicht ein Fünkchen Wahrheit enthalten, aber sie könnten genauso gut falsch sein. Deswegen sollten wir sie weiterhin einladen. In unserer rationalen, aufgeklärten Welt, in der wir gutes Denken und Beurteilen schätzen, wurde mir immer gelehrt, dass man ein Esel ist, wenn man nur vermutet.

3. Der Termin ist zu nahe am Erntedankfest / Er findet zum falschen Zeitpunkt im Jahr statt
Wir sind eine beschäftigte Kirche, wir halten den Laden mit unseren Festivals und anderen besonderen Sonntagen am Laufen. Die Einladung würde viel besser funktionieren, wenn es zu einem anderen, unbestimmten Zeitpunkt im Jahr wäre, wenn wir nicht so beschäftigt sind. Aber trotzdem herzlichen Dank für den Vorschlag.

Was ist wichtiger – ein Gottesdienst oder einladende Mission? Sollte Einladung nur auf ein paar besondere Sonntage im Jahr beschränkt sein? Was sagt uns Gott dazu?

Eine Kirche in der Falle

Dies sind die drei Hauptgründe, warum wir keine selbstverständliche Einladung entfachen können. Wenn wir diese Gründe jedoch untersuchen, erkennen wir, dass sie nicht stichhaltig sind. Hinter diesen Gründen entdecken wir eine Kirche, die in der Falle steckt, entweder im Nachtrauern der Vergangenheit oder in der Routine der Gegenwart.

Die Routine der Gegenwart

„Ich habe 15 Minuten Zeit für Sie." Wie oft ich diesen Satz höre, tut weh: „Wir können ein missionarisches Thema gerade so einschieben, aber Sie müssen sich kurz fassen." Die Tagesordnungen unserer Gemeinden im Westen sind so vollgepackt und schon Monate im Voraus geregelt. Wenn John Wesley heute eine neue Idee hätte, würde man ihm dann auch nur 20 Minuten geben, um sie vorzustellen, bevor seine Zeit abgelaufen wäre?

Der Vergangenheit nachtrauern

In der gegenwärtigen Generation von Verantwortlichen in der Gemeindeleitung kennt man die Zeiten exponentiellen Wachstums nicht, und so gibt es eine unausgesprochene, aber beständige Erinnerung an Enttäuschungen und Entmutigungen. Wir tragen so viel Nachtrauern in uns. Viele haben den hauptberuflichen Dienst mit der Vorstellung angetreten, dass das einzige, was sie tun müssten, predigen sei, und dann würden die Menschen kommen. Enttäuschungen sind unvermeidlich, aber entmutigt zu sein, ist in der Tat eine Entscheidung. Entmutigung wird oft zu Gleichgültigkeit. Die Menschen, die noch nicht bei uns sind, sind uns einfach egal. Viele Hauptberufliche halten schlicht ihre Gemeinden bei Laune und sind in ihrem Trott gefangen. Wie können wir als gegenwärtige Verantwortliche in der Gemeindeleitung unser Bedauern überwinden? Die Antwort lautet: Wir müssen damit aufhören, unsere eigenen Leben zu führen und sie Gott übergeben. Denn es ist Gott, der das Wachstum schenkt.

Es erfordert beständige Selbstdisziplin, um die bohrende Stimme in unserem Kopf, die Angst vor dem Scheitern und den Fluch der Gleichgültigkeit zu besiegen. Es bedarf strenger Disziplin, diese schlechten Angewohnheiten zu verändern. Aber für jede erfolgreiche Selbstdisziplinierung gibt es vielfache Belohnung. Wenn man gegen die Angst vor dem Scheitern, das Nachtrauern der Vergangenheit und den Fluch der Gleichgültigkeit vorgeht, werden unglaubliche Ergebnisse im Leben zu sehen sein. Die Realität von heute ist immer der beste Anfang. Wenn wir uns dazu bringen, die Wahrheit über die Situation auszusprechen, dann wird die Wahrheit uns frei machen, sagt die Bibel. Das Problem ist, dass menschliche Wesen die unglaubliche Fähigkeit besitzen, der Wahrheit ins Auge zu blicken und sie trotzdem nicht zu sehen.

Zu dem Leiter werden, den Gott in einem sieht

Gott ist noch nicht am Ende mit Ihnen als Verantwortlicher in der Leitung. Gott will, dass Sie mehr von dem werden, wie er Sie sich vorgestellt hat. Es braucht Zeit, eine Gemeinde von Jüngern zu bauen, es braucht Zeit, Veränderungen in der Gewohnheit und der Disziplin zu bewirken. Haben Sie also Geduld. Aber bleiben Sie ausdauernd und beharrlich. Ungeduld qualifiziert Enttäuschung als Scheitern. Lassen Sie sich nicht von den kleinen Dingen entmutigen. Ausdauer ist Geduld in Aktion. Wir müssen widerstandsfähig sein und die Fähigkeit haben, Rückschläge auszuhalten, denn diese wird es immer in unseren Leben geben.

Hier sind einige Ideen, die helfen, sich in die Richtung selbstverständlicher Einladung zu bewegen.

Die sechs Gesetze Gottes, die selbstverständliche Einladung entfachen werden

Ich höre oft die Beschwerde: „Ich habe nicht genug Zeit." Ich habe den Verdacht, dass wir, wenn wir eine Zeitstudie mit den meisten Verantwortlichen in der Gemeindeleitung machen würden, herausfänden, dass wir viel Zeit mit Dingen niedriger Priorität verbringen. Das Gesetz von Parkinson beeinflusst uns auch als Verantwortliche in der Kirche. Dieses Gesetz besagt, dass Arbeit sich ausbreitet, um die Zeit zu füllen, die für sie vorgesehen ist. Tatsache ist, dass wir alle Zeit haben, die es gibt. Gott gibt uns jeden Tag erneute 24 Stunden. Die bedeutendste Arbeit, die wir als gute Gemeindeleiter tun können, ist denken und beten. Darüber nachdenken und dafür beten, was wir zuerst tun und was danach und welche Dinge wir überhaupt nicht tun.

1. Das Gesetz der Posteriorität
Um Zeit zu finden, müssen wir das Gesetz der Posteriorität[24] lernen. Wir wissen von Prioritäten, aber was sind Posterioritäten? Wenn Sie sich erinnern, dann sind Posterioritäten diese Dinge, von denen wir weniger tun sollten oder später oder auch gar nicht. Wir werden es niemals schaffen, alles zu tun, was wir tun müssen. Deswegen müssen Prioritäten gesetzt und Posterioritäten erkannt werden. Ein klingelndes Telefon zum Beispiel oder eine E-Mail sind vielleicht etwas Dringendes, aber es sind nicht die wichtigsten Dinge!

Eine wesentliche Einsicht für Verantwortliche in der Leitung ist: Man kann selbst entscheiden, was man zuerst tut, und was man danach tut und was man überhaupt nicht tut.

Als Andreas einige Zeit mit Jesus verbracht hatte, war das erste, was er tat, seinen Bruder aufzusuchen (Johannes 1,41). Er hätte fischen gehen können, um Geld zu verdienen, aber das war nicht seine Priorität. Als die Apostel in der frühen Kirche von hungrigen Witwen aufgesucht wurden, sagten sie, dass es für die Apostel nicht richtig sei, am Tisch zu bedienen. Deshalb ernannten sie sieben gute Männer, um dies zu tun, während sie sich auf den Dienst des Wortes Gottes konzentrierten (Apostelgeschichte 6,2). Wie werden Sie von dem abgelenkt, was Gottes Priorität für Ihr Leben ist? Stehen bei Ihnen unwesentlichere Dinge im Mittelpunkt?

---

24 Brian Tracey: The 100 Absolutely Unbreakable Laws of Business Success, San Francisco, 1985.

2. Das Gesetz der Übertragung

Das Gesetz der Übertragung besagt, dass wir wiederentdecken müssen, wer wir in Gottes Augen sind. Das Gesetz kann folgendermaßen zusammengefasst werden:

„Nicht das, was einem passiert, bestimmt, wie glücklich man ist, sondern wie man damit umgeht."[25]

Das Gesetz der Übertragung hilft uns, unser unbegrenztes Potenzial freizusetzen. Wenn man zum Beispiel eine Beziehung oder eine Gemeinde betrachtet, die scheinbar Schwierigkeiten hat, dann wird die eine Person sagen: „Diese Sache hat Schwierigkeiten – ich frage mich, wie lange wir noch daran festhalten können", während eine andere Person sagt: „Es läuft nicht so, wie wir es uns wünschen. Was können wir tun, damit es funktioniert?" Diese zwei Herangehensweisen werden zu völlig unterschiedlichen Ergebnissen führen! Die Lektion daraus ist: Überdenken Sie Ihre Perspektive.

Das Gesetz der Übertragung ist ein Spiegel. Das Einzige, was verändert werden muss, sind Ihre Gedanken. Wenn Sie mit der Einstellung durchs Leben gehen, dass Sie sich selbst sagen, dass Ihr Leben erbärmlich ist, dass Sie einfach nicht klug oder gut genug sind, dann werden Sie trübsinnig und erschaffen eine Umwelt, in der Sie sich minderwertig fühlen. Dieses Gesetz sagt: „Das Innere spiegelt sich im Äußeren wider." Es kann mit den Worten aus dem Vaterunser zusammengefasst werden: „Dein Reich komme, dein Wille geschehe, wie im Himmel, so auf Erden."

Hier ist eine tägliche Übung für alle von uns. Wiederholen Sie diese Sätze für sich und handeln Sie danach:
* In Christus bin ich Gottes Botschafter.
* In Christus trage ich viel Frucht, und meine Frucht bleibt.
* In Christus bin ich Gottes Freund.
* In Christus bin ich erwählt und berufen von Gott.
* In Christus bin ich verändert durch die Erneuerung meines Geistes.

---

25 Brian Tracey: The 100 Absolutely Unbreakable Laws of Business Success, San Francisco, 1985.

- In Christus bin ich gesegnet mit jedem geistlichen Segen.
- In Christus wurde ich vor der Gründung der Welt ausgewählt.
- In Christus bin ich geliebt mit Gottes großer Liebe.
- In Christus bin ich sein Kunstwerk, geschaffen für gute Werke.
- In Christus habe ich Zugang zum Vater durch den Geist.

Schon alleine mit der Gewissheit einer dieser Bekräftigungen zu leben, wird Ihr Leben verändern!

Doch, wie der Essayist G.K. Chesterton sagte: „Das christliche Ideal wurde nicht erprobt und daraufhin für unzureichend befunden, sondern es wurde als mühsam befunden und daher nicht erprobt."[26]

3. Das Gesetz der Wechselwirkung

Dieses Gesetz ist eng verbunden mit dem Gesetz der Übertragung. Das Gesetz der Wechselwirkung sagt, dass Gefühle und Handlungen sich wechselseitig aufeinander auswirken.[27] Wenn man sich auf eine bestimmte Weise fühlt, dann wird man auch auf eine Art handeln, die mit dem Gefühl übereinstimmt. Das Gegenteil ist jedoch auch wahr. Das ist ein sehr mächtiges Gesetz für alle Verantwortlichen in der Gemeindeleitung und alle Gemeindemitglieder, die danach streben, mit Gott eine tiefere Bindung einzugehen. Selbst wenn man sich nicht so fühlt, wie man sich als Christ gerne fühlen möchte, aber dennoch so handelt, als ob man sich so fühlen würde, dann wird das dazu führen, dass Denken und Fühlen mit den Handlungen in Einklang gebracht werden. Wir müssen unser Denken und Fühlen an dem ausrichten, was Gott denkt. Wenn man erst einmal weiß, wer man in Christus ist, dann wird man beginnen, nach diesem Wissen zu handeln.

Eine tägliche Frage für uns alle lautet: Wie würde die Person, die ich in Gottes Augen sein sollte, an die Dinge herangehen, die mir bevorstehen?

---

26 G.K. Chesterton: What's Wrong with the World?, 1910.
27 Brian Tracey: The 100 Absolutely Unbreakable Laws of Business Success, San Francisco, 1985.

4. Das Gesetz des Glaubens
Dieses Gesetz stellt fest, dass wir nicht glauben, was wir sehen; es ist eher so, dass wir sehen, was wir schon entschieden haben zu glauben.[28] Je intensiver wir glauben, dass etwas wahr ist, desto wahrscheinlicher ist es, dass es für uns wahr sein wird. Viele Überzeugungen wurden uns von einer Generation zur nächsten weitergegeben, und wir haben sie geschluckt, ohne sie zu überprüfen. Wir sollten unsere Überzeugungen herausfordern. Dienen sie uns? Glauben Sie wirklich, dass nichts mit Gott unmöglich ist oder haben Sie entschieden, etwas Anderes zu glauben? Wenn dem so ist, dann schreiben Sie Ihre Überzeugung auf und überprüfen Sie sie im Licht der Tradition der Kirche und der Schriften. Eine der in der Kirche heutzutage weit verbreiteten Überzeugungen ist: „Ich werde glauben, wenn ich es sehe" – deswegen sind unsere Dienste nicht effektiv!

5. Das Gesetz der Erwartungen
Dieses Gesetz besagt, dass Glauben bedeutet, in seinen Gedanken die Hoffnung darauf zu bekräftigen, dass das, worum man gebetet hat, auch wahr werden kann.[29] Erwarten aber bedeutet, ohne Zweifel zu wissen, dass man empfangen wird.

Lassen Sie es mich so sagen: Gebet kann eine komplette Zeitverschwendung sein, wenn man betet, aber nicht erwartet, dass das, wofür man bittet, sich auch zeigen wird. Erwartungen sind Ideen, die auf einen felsenfesten Grund gebaut sind. Sie sind unerschütterlich – anders als Hoffnungen und Wünsche, die beim ersten Sturm weggefegt werden.

Ihre Ergebnisse sind Auswirkungen Ihrer Erwartungen. Für die meisten von uns ist die Fähigkeit zu erwarten durch Jahre der Frustration, der Enttäuschung, des Mangels an Glauben, des geringen

---

28 Brian Tracey: The 100 Absolutely Unbreakable Laws of Business Success, San Francisco, 1985.
29 Brian Tracey: The 100 Absolutely Unbreakable Laws of Business Success, San Francisco, 1985.

Selbstwertgefühls oder der Halb-Wahrheiten, die wir als ganze Wahrheiten akzeptiert haben, verloren gegangen oder verdorben worden. Wir müssen uns vom positiven Denken zum positiven Wissen bewegen.

6. Das Gesetz der Aufmerksamkeit

Psychologen haben herausgefunden, dass schon die Wahrnehmung einer Verhaltensweise dazu führt, die Verhaltensweise zum Besseren zu verändern.[30] Das ist einer der größten Durchbrüche im Verstehen der Möglichkeiten von persönlichen Leistungen. Wenn Sie sich selbst bei einer Handlung wahrnehmen, dann werden Sie sich derer bewusster, und Sie werden sich darin verbessern. In unserer Generation muss vor allem der Aktivierung der Einladungskultur Aufmerksamkeit entgegengebracht werden. Es war Charles Dickens, der einmal gesagt hat, dass er alle Dinge so tut, als ob er nichts Anderes tun würde. Wir müssen unsere Konzentration fokussieren, um das Hindernis der Negativität zu überwinden. Dafür benötigen wir ein hohes Maß an Disziplin.

Wenn wir erst in das Gesetz der Aufmerksamkeit eintauchen, dann können wir hilfreiches Wissen im Bereich der Einladung erlangen.

Hier folgen einige Prinzipien, die uns dabei helfen, das zu tun:

Das Minutenprinzip für Einzelpersonen
Schätzen Sie, wie viele Minuten pro Woche Sie persönlich mit Nicht-Christen verbringen? Das ist der Ausgangspunkt der Überlegung. Jetzt entscheiden Sie sich, diese Anzahl von Minuten, die Sie mit Nicht-Christen verbringen, zu verdoppeln.

Wen wir einladen, hängt von der Summe der Zeit ab, die wir persönlich mit nicht-christlichen Freunden verbringen. Mit wem will Gott, dass ich mehr Zeit verbringe? Bitten Sie diese Freunde um ein Kaffeetrinken, ein Abendessen oder einen Spaziergang. Man kann

---

30 Brian Tracey: The 100 Absolutely Unbreakable Laws of Business Success, San Francisco, 1985.

den Wert einer Beziehung nur dann steigern, wenn man mehr Zeit dafür investiert, so wie man einer Pflanze zum Wachsen verhilft, indem man Zeit dafür aufwendet, sie zu gießen, sie an einen sonnigen Platz zu stellen und sie zu düngen.

Erinnern Sie sich an das Gesetz vom Säen und vom Ernten: Um Ernte einzubringen, müssen wir im Frühling säen. So wie wir in unsere Freundschaften säen, so werden wir ernten.

Das Minutenprinzip für Gemeinden
Schätzen Sie, wie viele Minuten pro Woche Christen mit Nicht-Christen verbringen. Jetzt haben Sie die Grundlinie. Wir werden die Anzahl von Minuten verdoppeln, die wir mit Nicht-Christen verbringen. Das ist eine Aktivität der ganzen Gemeinde, bei der wir gemeinsam darauf achten, Zeit mit den Menschen außerhalb der vier Wände des Kirchengebäudes zu verbringen. Verantwortliche in der Gemeindeleitung können ihren Mitgliedern helfen, indem sie viele Aktivitäten in kirchlichen Räumen anbieten, zu denen Nicht-Kirchenmitglieder eingeladen werden können, wie zum Beispiel:

- Mutter-und-Kind-Gruppen
- „Who Let the Dads Out" (www.wholetthedadsout.org)
- Kaffee-Vormittage / Nachmittags-Tee
- Eintopf mit Quiz-Abende
- Buchclub
- Tanzkurse
- Talentwettbewerbe
- Schulchor und Musikfestival
- Kinoabend mit Popcorn

Das sind nur ein paar wenige Ideen. Ein kurzer Blick in die örtliche Zeitung wird noch weitere kreative Ideen aufwerfen.

90-Tage Zeitrahmen für Mission

Ein Zeitrahmen von 90 Tagen für eine missionarische Aktion ist lange genug, um etwas Bedeutendes zu erreichen, doch auch kurz genug, um uns zu zwingen, jetzt zu handeln und nicht zu zögern. Wir planen zuerst und passen uns dann an die uns begegnenden Umstände an. Wir könnten konzentrierte Einladungssonntage im September, Dezember, März und Juni anvisieren. Ich empfehle wirklich missionarische Aktionspläne als ein hervorragendes Werkzeug, das nicht nur in einem 90-Tage Zeitrahmen hilft, sondern bei allen missionarischen Aktivitäten.[31]

Innerhalb eines Zeitrahmens von 90 Tagen einer missionarischen Aktion können wir es uns zur Gewohnheit machen, Gäste zu uns nach Hause zum Essen einzuladen (siehe Römer 12,13). Wir können einander Gastfreundschaft gewähren (1. Petrus 4,9). Und wir werden nicht vergessen, Fremde zu bewirten (Hebräer 13,2).

Wenn Sie zum Mittag- oder Abendessen einladen, dann laden Sie nicht nur Ihre Freunde ein (Lukas 14,12). Laden Sie auch die ein, die Sie noch nicht gut kennen. Diese Gastfreundschaft sollte während der gesamten 90 Tage mit einem konzentrierten Einladungssonntag am Ende angeboten werden.

Zeitrahmen von 90 Tagen helfen uns, in die christliche Praxis radikaler Gastfreundschaft hineinzufinden. Wenn Menschen jetzt noch nicht das Licht Christi sehen können, dann helfen Sie Ihnen, die Wärme der Liebe Gottes zu spüren!

---

31 Mark Ireland und Mike Chew: How to do Mission Action Planning, London, SPCK, 2009.

Die sechs Geheimnisse, wie man der beste Einlader seiner Gemeinde wird

1. Machen Sie ernst damit, Zeit mit nicht-kirchlichen Freunden zu verbringen.
2. Identifizieren Sie Ihren persönlichen begrenzenden Faktor und arbeiten Sie daran, egal ob es Ihr Selbstvertrauen oder Ihr Zeitmanagement ist.
3. Halten Sie immer Ausschau nach potenziellen Freundschaften.
4. Entwickeln Sie die Vision, viele Ihrer Freunde und Bekannten zur Kirche mitzubringen.
5. Sprechen Sie positiv zu sich selbst: „Ich bin ein Einladender für Christus!"
6. Setzen Sie diese Geheimnisse in die Tat um!

Drei Punkte des Sämanns

Vielleicht finden Sie Folgendes hilfreich:
1. Wenn jeder von uns danach streben würde, derjenige in der Gemeinde zu sein, der am besten einlädt, dann würden wir die Frucht Gottes sowohl in der Ablehnung als auch in der Annahme sehen.
2. Ich werde der sein, der am besten einlädt. Machst du mit?
3. Ich werde jeden von euch fragen, mit mir gemeinsam derjenige zu sein, der am besten einlädt.

Hohe Ziele setzen

Schlussendlich habe ich herausgefunden, dass mein starker Enthusiasmus für Gott nicht stark genug ist. Um Entmutigung und Selbstzufriedenheit entgegenzuwirken, müssen wir uns in die entgegengesetzte Richtung bewegen. Wir müssen fröhlich im Glauben sein und Gott vertrauen. Ich weiß, dass das im Allgemeinen nicht sehr westlich klingt, und mir wurde gelegentlich vorgeworfen, zu enthusiastisch zu sein. Natürlich gibt es einen ruhigen, tiefen und unerschütterlichen Glauben, der sich in friedlicher Gewissheit genauso wie in mehr nach außen gerichteter Zuversicht zeigt. Aber egal ob introvertiert oder extrovertiert – wir brauchen mehr Vertrauen in unseren Gott und mehr Glaubensgewissheit.

Setzen Sie Ihre Ziele für Gott hoch an. Wenn Sie ein Ziel für Gottes Arbeit haben, das klein ist, dann werden Sie auch ein kleines Ergebnis erzielen. Eines unserer Probleme in der Kirche ist heutzutage, dass wir unsere Ziele zu niedrig ansetzen, und diese treffen wir dann auch. Wenn wir große Dinge für Gott erreichen wollen, brauchen wir viel höhere Ziele. Wenn wir höhere Ziele ansetzen, müssen wir auf eine andere Art denken. Wir müssen unsere Ziele für Gott neu überdenken und sie dann mit dem Faktor zehn multiplizieren. Wie viel mehr Menschen werden unserer Kirche dienen und etwas erreichen, wenn wir unsere Ziele mit zehn multiplizieren?

Alles muss sich ändern, wenn man versucht, ein höheres Ziel zu erreichen. Es wird sich ändern, wer Sie werden, zu was Ihre Gemeinde werden muss, und wie viel mehr Menschen Sie dienen werden müssen. Wir müssen unsere Standards erhöhen und unsere Absichten für Gott ausdehnen.

Seien Sie sich über Folgendes im Klaren: Wenn Ihr Kopf ihnen sagt „Ich bin mir sicher, dass wir dieses Ziel erreichen", dann haben Sie das Ziel nicht hoch genug angesetzt.

Sind Sie ansteckend enthusiastisch bezüglich der Arbeit, die Sie tun? Die enorme ungenutzte Fähigkeit unserer Kirchengemeinden und der Verantwortlichen gibt mir große Hoffnung hinsichtlich der Zukunft der Kirche. Der Unterschied zwischen außergewöhnlichen Gemeindemitgliedern und gewöhnlichen Gemeindemitgliedern ist, dass außergewöhnliche Gemeindemitglieder den ersten Schritt tun. Während sie diesen Schritt tun, zeigt sich ein weiterer Schritt, und das enorme, ungenutzte Potenzial, das die ganze Zeit da war, verwirklicht sich allmählich.

Außergewöhnliche Christen wählen die Aktivität, die den größten

Gewinn für das Leben anderer Menschen hervorbringt – die Aktivität, die am besten den Absichten unseres himmlischen Vaters dient.

Wir haben immer die freie Wahl. Außergewöhnliche Christen nutzen ihre Zeit einfach besser. Außergewöhnliche Christen pflanzen Bäume und wissen, dass sie niemals unter deren Zweigen sitzen werden. Sie setzen das Wachstum in ihrem eigenen Leben und in dem Leben derer um sie herum frei.

Impulse zum Nachdenken:

- Können wir uns tatsächlich vorstellen, dass Menschen unserer Gemeinde auch an einem ganz normalen Sonntag wie selbstverständlich einladen, statt auf einen besonderen Sonntag warten zu müssen?
- Einer der Gründe, warum Gemeinden aufhören, einzuladen, ist die Enttäuschung. Hat bei Jesus immer alles funktioniert? Wenn nicht, dann geben Sie ein paar Beispiele!
- Muss alles für uns heute schon beim ersten Mal funktionieren?
- Muss in unseren Gemeinden erst alles richtig laufen, bevor wir Menschen dorthin einladen?
- Was ist wichtiger: Ein weiterer Gottesdienst oder eine missionarische Einladung? Sollte Einladung nur auf ein paar besondere Sonntage begrenzt sein? Was sagt uns Gott darüber?

Anhang 1:
Auswertung – Ein Lernprogramm in 12 Schritten

Wenn man Menschen zum Einladen ermutigen will, ist es immer eine gute Idee, sich anzusehen, wie es beim letzten Mal gelaufen ist. Hier sind 12 Schritte, die bei der Auswertung helfen können.

Schritt 1: Hat der Verantwortliche in der Gemeindeleitung auf verlockende Weise die Vision, die Gemeinde zu verdoppeln, verbreitet?

Schritt 2: Ist die Gemeindeleitung mit gutem Beispiel vorangegangen, indem sie selbst jemanden eingeladen haben?

Schritt 3: Wurde jedes Gemeindemitglied persönlich von den Verantwortlichen in der Gemeindeleitung dazu ermutigt, einen Freund, eine Freundin einzuladen?

Schritt 4: Haben wir die Spiritualität der Freundschaft erklärt?

Schritt 5: Haben wir die Kraft der Geschichten genutzt?

Schritt 6: Haben wir Gott gefragt, wen er will, dass wir einladen?

Schritt 7: Haben wir diese Frage geübt: „Willst du mit mir in die Kirche gehen?"

Schritt 8: Haben wir als Gemeinde dafür gebetet?

Schritt 9: Hat die Gemeinde mutig eingeladen?

Schritt 10: Haben wir die Gäste auf dem Weg zur Kirche begleitet (zu Fuß oder mit dem Auto)?

Schritt 11: Haben wir die eingeladenen Gäste den anderen Gemeindemitgliedern vorgestellt?

Schritt 12: Haben wir sie auch zum nächsten Gottesdienst eingeladen?

Werten Sie aus, wie gut jeder Schritt auf einer Skala von 1-10 gelaufen ist (1 = sehr schlecht, 10 = ausgezeichnet). Wie viele der 120 möglichen Punkte haben Sie erreicht?

Wenn Sie 80 oder mehr Punkte erreicht haben: Sie entfachen selbstverständliche Einladung!
Wenn Sie 40-80 Punkte erreicht haben: Gott hat Ihnen Anhaltspunkte dafür gegeben, in welchen Bereichen Verbesserung notwendig ist.
Wenn Sie weniger als 40 Punkte erreicht haben: Es ist gut, dass Sie Einladung einmal ausprobiert haben, hören Sie jetzt nicht damit auf! Die zwölf Schritte können Ihnen in vielen Bereichen dabei helfen, sich zu verbessern.

Anhang 2:

„Back-to-Church"-Sonntag – Perspektiven aus aller Welt

Neuseeland – Erzdiakon Tony Gerritsen

Das Konzept des „Back-to-Church"-Sonntages ist so grundlegend, dass es überraschend ist, dass vorher noch niemand darauf gekommen ist. Große Anerkennung an das „Back-to-Church"-Team in Großbritannien! Es geht schlicht und einfach darum, dass ein Freund einen Freund einlädt, mit zum Gottesdienst zu gehen. Es liegt im Herzen von Gastfreundschaft und verlangt wirklich nach der Frage, warum Christen das nicht tun würden (denn normalerweise tun sie es nicht).

Was läuft da falsch? Wenn die persönliche Beziehung mit Jesus Christus so lebensverändernd ist, wenn wir Ihm unser Leben hingeben, wenn wir bereit sind, ungefähr drei bis vier Stunden für den Sonntag aufzuwenden (Vorbereitung, Anreise, Gottesdienst, Gespräche nach dem Gottesdienst), obwohl Sport, Cafés und Einkaufen um unsere Zeit wetteifern; wenn es so wichtig für uns ist, warum überschlagen wir uns nicht vor Begeisterung, unsere Nachbarn und Freunde einzuladen, mitzukommen? „Back-to-Church" bittet uns, innezuhalten und uns zu fragen: „Warum nicht?"

Vielleicht liegt manches davon an unserer angeborenen Schüchternheit; vielleicht liegt manches davon an den drei Dingen, über die man beim Essen niemals spricht („Religion ist Privatsache"); oder liegt es einfach daran, dass wir eher beschämt darüber sind, wie unsere Gottesdienste am Sonntag gefeiert werden?

Was auch immer der Grund ist, es spiegelt einfach nicht den Enthusiasmus über das Evangelium der Männer und Frauen aus der Bibel wider, die total begeistert von Jesus waren und deren radikal anderer Lebensstil dazu führte, dass täglich viele Menschen ein Teil dieser Gemeinschaft geworden sind.

In Neuseeland begann das Projekt „Back-to-Church" gut, mit einem Durchschnitt von etwa 19 Menschen pro Gemeinde, die wieder einmal in den Gottesdienst kamen, nachdem ein Freund sie eingeladen hatte. Dies fand an jeweils einem Sonntag in den Jahren 2008 und 2009 statt. Der Schwerpunkt des Programms war ein 20-wöchiger Vorbereitungsplan, der sich pro Woche um ein Thema kümmerte: Guter Kaffee (Pulverkaffee ist einfach nicht mehr „in"); Nachdenken über die Sprache der Lieder (welcher Eingeladene würde „Lamm Gottes, Messias" verstehen, ohne eine kleine theologische Einführung); Toiletten, die gut gekennzeichnet und auf Vordermann gebracht wurden. Können wir versuchen, den Besuchern nicht drei Bücher und zwei Handzettel in die Hand zu drücken? – um nur vier Themen zu nennen.

Es war im Wesentlichen ein Fitness-Check, um sicherzustellen, dass wir uns selbstbewusst genug fühlen, Menschen einzuladen zu etwas – dem Gottesdienst –, auf das wir stolz waren.

Der „Back-to-Church"-Sonntag ist eine von vielen Initiativen, die Menschen zurück zu Gott oder zum ersten Mal zu Gott führen. „Fresh Expressions of Church", Pionier-Dienste und verschiedene neu-monastische Bemühungen sind andere Wege, bei denen Christen versuchen, Menschen zu Jesus zu führen. Die Absicht all dieser Projekte ist, ermutigt zu werden und dabei persönliche sowie gemeinschaftliche Gebetsunterstützung zu bekommen.

Zwischen den zwei Weltkriegen erinnerte Erzbischof Temple uns, dass die Kirche die einzige Gesellschaft ist, die zum Wohl ihrer Nicht-Mitglieder existiert. Jesus sagte ein paar Jahrhunderte vorher: „Geht hin und machet zu Jüngern" (Matthäus 28,15ff). Der „Back-to-Church"-Sonntag ist ein ziemlich einfacher Weg, das zu tun. Andere kümmern sich um die Show, wir müssen nur mit unseren Freunden dort auftauchen – und ich bin davon überzeugt, dass der Himmel seine wahre Freude daran haben wird."

Australien – Andrew W. Curnow

Die Kirche begegnet heute überall auf der Welt großen Herausforderungen. In der ersten Welt ist es der Rückgang und ein Vertrauensverlust. In der dritten Welt ist es der Mangel an Ressourcen. In beiden Welten muss die Kirche alle Menschen auf eine positive und ermutigende Weise willkommen heißen.

Meine Erfahrung in der anglikanischen Kirche in Australien, wo wir ungefähr 25 Prozent der christlichen Gemeinschaft ausmachen, ist, dass weniger als fünf Prozent der Anglikaner regelmäßige Kirchgänger sind. Der Kirchenbesuch in Australien war nie wirklich stark, verglichen mit den Vereinigten Staaten von Amerika. Die einzige Zeit, in der die Kirchen wirklich voll waren, war während der beiden Weltkriege, und besonders nach dem Zweiten Weltkrieg. Und so besuchen sehr wenige Anglikaner regelmäßig die Gottesdienste, aber beim nationalen Zensus haben noch viele „Anglikanisch" als religiöse Zugehörigkeit angegeben. Ich habe in den Jahren viele verschiedene Dinge ausprobiert, um diesen Herausforderungen zu begegnen. Im Jahr 2007 habe ich dann vom Projekt „Back-to-Church"-Sonntag und seinem wachsenden Erfolg in England gehört. Wir haben gerade erst unseren dritten nationalen „Back-to-Church"-Sonntag in der anglikanischen Kirche von Australien abgeschlossen, und die Zeichen sind vielversprechend.

Lassen Sie mich ein paar konkretere Beispiele nennen. In einer kleinen Stadt mit dem Namen Kyneton organisierte die örtliche anglikanische Gemeinde ein kleines Komitee, um den „Back-to-Church"-Sonntag vorzubereiten. Das Komitee hat eine beachtliche Liste mit Namen von Menschen zusammengestellt, die in letzter Zeit mit der örtlichen Gemeinde in Verbindung standen oder die ihnen als Hin-und-Wieder-Anglikaner bekannt waren. Das Komitee hat zuerst alle Menschen auf der Liste angerufen und ihnen vom „Back-to-Church"-Sonntag erzählt. Dann wurden die Einladungen verschickt, und darauf folgte noch ein Telefonanruf von einem der Ehrenamtlichen des Komitees. Es wurden Abholungsanforderungen und andere besondere Wünsche aufgeschrieben. Am „Back-to-Church"-Sonntag war ich dort, um mit den Eingeladenen zu sprechen. Die Kirche war voll, und der Ort war erfüllt von Spannung. Es war ein toller Gottesdienst, und ein Gespräch, das ich danach beim Kirchenkaffee hatte, werde ich nie vergessen. Ich sprach mit einer Frau, die seit einigen Jahren in der Stadt wohnte und die, obwohl sie an ihrem letzten Wohnort eine regelmäßige Besucherin der anglikanischen Gemeinde war, noch nie in Kyneton im Gottesdienst gewesen war. Ich habe sie gefragt, weshalb sie sich entschieden hatte, an dem Tag zu kommen und wieder mit der Gemeinde in Kontakt zu treten. Sie gab mir sehr schnell die Antwort: „Die persönliche Einladung". Ihre Antwort war laut und klar.

Aus meiner langen Erfahrung im Dienst kann nichts eine persönliche Einladung ersetzen. Das Telefon, das Internet, Facebook – das alles kann helfen, aber letzten Endes gibt es nichts Besseres, als die persönliche Einladung: „Komm und sieh!"

Bob Jackson schreibt in seinem Studienbuch „Jeder ist willkommen": Die meisten Kirchengemeinden denken, dass sie eine freundliche Gemeinde sind, weil die Mitglieder zueinander freundlich sind. Wir nehmen kaum wahr, wie abweisend wir auf Außenstehende wirken können. Aber Gemeinden, die eine Willkommenskultur haben, und die Fremden freundlich gegenübertreten, schaffen eine wachsende, aufblühende Gemeinschaft, die Jesus in seiner Kirche haben wollte.

Grundlage dafür, eine Kirche mit Willkommenskultur zu sein, ist es, eine einladende Kirche zu sein – und dafür ist der „Back-to-Church"-Sonntag eine goldene Gelegenheit.

Kanada – Bischof Philipp Poole

Seit drei Jahren haben wir in der Diözese Toronto das Projekt „Back-to-Church"-Sonntag als einen Kernbestandteil unserer missionalen Strategie übernommen, um uns im Namen unseres Herrn nach anderen Menschen auszustrecken.

Gemeindemitglieder wurden ermutigt, ihre Freunde und Nachbarn einzuladen und mit ihnen am letzten Sonntag im September in die Kirche zu kommen, um das Leben in einer christlichen Gemeinschaft zu erleben. Als Bischöfe wollten wir die Handlung, Menschen zum Gottesdienst einzuladen, beispielhaft vorleben. In den letzten drei Jahren haben die fünf Bischöfe der Diözese Mantel und Bischofsmütze angezogen und standen am Donnerstagvormittag vor dem „Back-to-Church"-Sonntag vor dem großen Nahverkehrsbahnhof in Toronto und haben persönlich Einladungen an die teilweise verwunderten und übernächtigten Pendler verteilt. Wir taten das hauptsächlich, um unsere Gemeindemitglieder zu ermutigen, jemand anderen in die Kirche einzuladen, aber auch die daraus resultierende öffentliche Wirkung in der säkularen Presse war sehr erfreulich.

Wir fanden heraus, dass es wesentlich mehr Mut kostet, Menschen zum Gottesdienst einzuladen, als jemanden ins Theater oder zu einer Sportveranstaltung einzuladen.

Nach drei Jahren sind die zahlenmäßigen Ergebnisse beeindruckend.

Die Menge an Menschen, die dank des „Back-to-Church"-Sonntages zu Gemeindemitgliedern geworden sind, entspricht zahlenmäßig fast sechs neuen Gemeinden mit je 150 Mitgliedern. Sechs neue Gemeinden in drei Jahren innerhalb einer Diözese. Wow! Das Projekt hat einigen unserer Gemeinden Selbstbewusstsein gegeben, und es hat dabei natürlich auch dazu beigetragen, dass Menschen ihr Leben verändert haben. Über 5500 Einladungen wurden akzeptiert, und bei einer durchschnittlichen Erfolgsquote von 15 Prozent von Menschen, die danach regelmäßig die Gottesdienste besuchten, können wir etwa 825 neue Besucher zählen.

Und wie wir es uns erhofft haben, ist der Gedanke, Menschen einzuladen, langsam in die kollektive Diözesan-DNA eingesickert.

Ein Gemeindepriester schrieb: „Wir haben eine Kultur, Menschen das ganze Jahr lang zum Gottesdienst einzuladen. Und ich denke, der Back-to-Church-Sonntag hat damit etwas zu tun." Ein anderer berichtet: „Sie sollten wissen, dass unsere Gemeinde einen großen Erfolg mit dem Back-to-Church-Sonntag hatte ... wir hatten über 50 neue Besucher und haben unseren Besucherrekord mit 142 Leuten an einem einzigen Sonntag gebrochen. Sogar unser Parkplatz nebenan war total voll. Es war einfach so aufregend, neue Menschen zu sehen."

Ein großer Anteil der Gemeinden berichtete von einigen Erfolgen, den Gottesdienstbesuch durch das Projekt Back-to-Church-Sonntag gesteigert zu haben.

Aber gesteigerter Gottesdienstbesuch ist nicht der einzige – oder der wahre – Maßstab für Erfolg. Viele Gemeinden haben erzählt, dass ihre Gemeindemitglieder Menschen eingeladen haben, die die Einladung nicht angenommen haben. Wir haben gelernt, dass der Erfolg in der Einladung selbst liegt. Es ist eine Sache zwischen dem Heiligen Geist und der einzelnen Person, ob sie oder er die Einladung akzeptiert. Die Blockade liegt im Nicht-Einladen. Wir versuchen, aus unserer Kirche eine einladende Kirche zu machen.

Nach dem ersten Jahr hatten einige Gemeinden zahlenmäßigen Erfolg zu verzeichnen und waren bereit, es wieder zu probieren. Diejenigen, die keinen Erfolg hatten, neigten im zweiten Jahr dazu, nicht mehr mitzumachen. Interessanterweise hörten einige vom Erfolg der anderen und schlossen sich im dritten Jahr wieder mit an. Wir haben gelernt, dass es funktioniert, wenn wir dem Plan, der von Michael Harvey und der Leitung des Projektes „Back-to-Church"-Sonntag erstellt worden ist, folgen.

Ein weiterer großer Nebeneffekt ist die Beteiligung der meisten anglikanischen Diözesen in Kanada und der Evangelisch-lutherischen Kirche in Kanada, mit der wir volle Abendmahlsgemeinschaft haben.

Aus den Bemühungen von Michael Harvey in einer Diözese haben Anglikaner und Lutheraner von Küste zu Küste zu Küste eine ökumenische und nationale Aktion gemacht. Ich kann kaum erwarten, was Gott für uns im nächsten Jahr auf Lager hat.

Nachwort der Herausgeber:
Der Gottesdienst, die Neugierigen und das Einladen:
Ein Projekt springt nach Deutschland über

Persönlich zum Gottesdienst einladen? Warum tun wir das eigentlich nicht? Was hindert uns? Was ist uns der Gottesdienstbesuch wert? Was schätzen wir am Kirchenbesuch? Und was passiert, wenn wir es wagen, Menschen einzuladen?

Mit vielen solcher Fragen konfrontiert uns Michael Harvey, der Projektleiter des „Back-to-Church"-Sonntages der anglikanischen Kirche, in diesem Buch.

Wir glauben, dass der Gottesdienst, die Gastfreundschaft und die persönliche Einladung auch für Gemeinden in Deutschland ein erstaunliches Potenzial entfalten können.

In England begann es als Experiment in Manchester. Der Pastor schlug vor, dass jedes Gemeindeglied am letzten Sonntag im September jemanden zum Gottesdienst einlädt. Die Gottesdienst-Teilnahme stieg an dem Tag beachtlich, und davon erfuhr auch der Bischof von Manchester. Die Idee breitete sich blitzschnell aus – zwei Jahre später hatte ungefähr die Hälfte aller Diözesen diese Idee eingeführt.

Die Idee ist einfach: Gemeinden verabreden sich, um Menschen, die unregelmäßig, selten oder nie zum Gottesdienst kommen, eine gelingende und wertschätzende Gottesdiensterfahrung zu ermöglichen. Sie werden zum Gottesdienst der teilnehmenden Gemeinden eingeladen, um dort gute Erfahrungen von Lebensrelevanz und Gastfreundschaft, von Überzeugendem und Berührendem zu machen.

Diese Idee ist damit ebenso niedrigschwellig im Zugang wie voller Veränderungskraft für die Gemeindekultur.

Paul Bayes, Bischof von Hertford, kam im Jahr 2014 zu folgendem Resümee: „Back-to-Church-Sunday is simple. It's about inviting someone you know to something you love. I encourage even more churches to register ... and host a special welcoming service. It's a fantastic initiative that really does work." Der „Back-to-Church"-Sonntag ist zu einer Erfolgsgeschichte geworden. 2011 etwa rechnete man in Großbritannien mit zusätzlichen 77.000 Gottesdienst-Teilnehmern durch diese Initiative.[32]

Auch in Deutschland? Erfahrungen aus den Pilotregionen
Eine Initiative des EKD-Zentrums für Mission in der Region (ZMiR Dortmund), unterstützt durch das Hildesheimer Zentrum für Qualitätsentwicklung im Gottesdienst und eine bundesweite Steuerungsgruppe, streute den Gedanken, um 2016 – 2017 in Pilotregionen das Projekt „Back-to-Church"-Sonntag in Deutschland zu erproben. Als Unter-Titel wurde „Gottesdienst erleben" gewählt, der jeweilige Haupttitel wird dann in den Regionen entschieden.

Der originelle englische Titel „Back-to-Church-Sunday" (wörtlich: Zurück-in-die-Kirche-Sonntag) nutzt die sprachliche Nähe zur kulturell tief verwurzelten und positiv besetzten angelsächsischen „Back-to-School" Periode nach den Sommerferien. Eine entsprechende deutsche Anknüpfung existiert nicht, deshalb entschied die bundesweite Steuerungsgruppe, für die Pilotphase 2016 – 2017 den Haupttitel regional freizugeben und durch die Verwendung des Untertitels „**Gott**esdienst **erleben**" (GE) eine gemeinsame Marke zu schaffen. In den beteiligten Pilot-Regionen wurden kreative, aber unterschiedliche regionale Marken benutzt wie etwa „Reinschnuppern", „Frühlingserwachen", „Spürbar Sonntag", „Du hast uns gerade noch gefehlt" oder „Ich bin da. Du auch?", z.T. wurde auch der englische

---

32 Nach www.churchofengland.org/media-centre/news/2012/04/archbishop-calls-back-to-church-sunday-essential-as-registrations-open-for-2012.aspx.

Titel „Back-to-Church"-Sonntag verwendet. Möglicherweise ist diese Verschiedenheit ein notwendiger Tribut an den ausgeprägten deutschen Föderalismus.

Chancen dieses Formats

Wertschätzung des Bestehenden | Die vorhandenen Ressourcen des (Sonntags-)Gottesdienstes werden genutzt und regional verknüpft. Die Wertschätzung der Ortsgemeinden und die Beteiligung der Engagierten sind Schlüsselfaktoren. Gemeinden machen etwas an einem gemeinsamen Datum gemeinsam besonders gut, was sie sowieso regelmäßig und meist auch gut anbieten. Das Projekt kommt aus einer Ortsgemeinde – als gemeindebasierte Initiative wird alles darauf ankommen, ob sich die Gemeinden damit identifizieren.

Einladung | Die missionarische Breiten- und Tiefenwirkung entsteht mit Gottesdiensten als zentralem Angebot des christlichen Glaubens. Sie verknüpft die Neugier vieler Menschen auf Liturgie, Musik, Relevanz oder Begegnung mit persönlichen Beziehungen. Sie bietet Gastfreundschaft an ohne Verpflichtungen oder versteckte Erwartungen.

Handlungsfeld Gottesdienst | Bewusst wird das zentrale Handlungsfeld der evangelischen Kirche gewählt. Eine große Mehrheit der Gemeinden teilt die Sehnsucht, mit ihrem Gottesdienst mehr Menschen zu erreichen. Zugleich spiegeln die Kirchenmitgliedschaftsuntersuchungen die Offenheit vieler Menschen für und ihre Erwartungen an gelingende Gottesdiensterfahrungen wider.[33]

Zielgruppen, Rahmenbedingungen und Umsetzung

Neugierige, Distanzierte, Ausgetretene, Zweifler und religiös Unmusikalische | Sie sind in beachtlicher Zahl ansprechbar und offen für

---

33 Vgl. Wolfgang Huber u.a. (Hg.): Kirche in der Vielfalt der Lebensbezüge. Die vierte EKD-Erhebung über Kirchenmitgliedschaft, Bd 1, Gütersloh 2006, 81, 453 u.ö. – Evangelische Kirche in Deutschland (Hg.): Engagement und Indifferenz. Kirchenmitgliedschaft als soziale Praxis, V. EKD-Erhebung über Kirchenmitgliedschaft, Hannover 2014, 45-47 u.ö.

erstmalige oder erneute Erfahrungen mit ansprechenden Gottesdiensten. Ein missionarisches Ziel ist, solchen Menschen, die unregelmäßig, selten oder nie zum Gottesdienst kommen, eine gelingende und wertschätzende Gottes(dienst)erfahrung anzubieten. Sie werden zum Gottesdienst der teilnehmenden Gemeinden eingeladen, um dort gute Erfahrungen von Lebensrelevanz, Gastfreundschaft, Überzeugendem und Berührendem zu machen. Mögliche Reaktionen („ich komme bald mal wieder vorbei") sind möglich, natürlich erwünscht, aber keinesfalls Bedingung.

Standards | Einige wenige Parameter werden allen beteiligten Gemeinden für die Durchführung des Projekts als Gemeinsamkeit vorgeschlagen, z.B. Lebensrelevanz der Verkündigung, praktische Gastfreundschaft mit anschließendem Kaffee oder Imbiss, Offenheit für Neugierige, musikalische und künstlerische Kreativität sowie Elementarisierung der Abläufe. Zusätzliche Gottesdienste sind nicht notwendig, aber auch nicht ausgeschlossen.

Einladen wagen | Entscheidend ist – neben einer guten Gottesdienstvorbereitung – die persönliche Einladung an Freunde und Bekannte durch engagierte Gottesdienst-Teilnehmende.[34] Dadurch ist zu erwarten, dass man eine größere Wirkung erzielt und mehr Menschen anspricht als bisher erreicht wurden. Gute Werbung und Kommunikation sind notwendig, wirken aber v. a. unterstützend für persönliche Einladungen. Insofern werden Information und Motivation der Engagierten vor Ort zu Schlüsselaufgaben in diesem Projekt.

Haltung der Gastfreundschaft | Das Projekt hat etwas bestechend Einfaches: Die teilnehmenden Gemeinden müssen keine zusätzliche Veranstaltung planen oder Termine addieren. Sie werden nur herausgefordert, das ihnen Mögliche an diesem Sonntag so gut wie es geht vorzubereiten und so einladend wie möglich durchzuführen. Im Kern will dieses Projekt weder neue Termine noch andere Formate einfüh-

---

34 Viele Menschen brauchen nur jemand, der oder die sie einlädt, um mitzukommen. Vgl. Engagement und Indifferenz, 43.49 u.ö.

ren, sondern eine Haltung fördern: „Gäste sind im Gottesdienst willkommen, und sie sind uns unsere Gastfreundschaft wert".

Kooperation | Notwendig und so etwas wie ein weiterer Clou ist ein (zumindest regional) einheitlicher Termin, der Beteiligung (Einklinken) ermöglicht, ohne Gemeinden und Regionen zu nötigen (Freiwilligkeit), und der die regionale (oder nationale) Aufmerksamkeit sichert. Eine gemeinsame Vorbereitung und Bewerbung ist zudem eine innerkirchlich vertrauensbildende Maßnahme.

Begleitendes Material
www.gottesdiensterleben.de | Die Internetseite zum Projekt bietet inzwischen eine Fülle an Material. Werbematerial für Öffentlichkeitsarbeit ist hier ebenfalls abrufbar oder bestellbar, u.a. mögliche Motive samt Logo, Plakat, Handzettel etc. Zwei kurze englische Video-Clips sind verlinkt, einer mit deutschen Untertiteln. Relativ neu und zum Herunterladen frei sind außerdem zwei deutsche Videos mit Erfahrungen aus Schweinfurt und Bergstraße bzw. einer kurzen Einführung, die speziell zur Information und Vorbereitung für interessierte Regionen entwickelt wurden.

Erste Erfahrungen
Die Auswertung der Ergebnisse in den Pilotregionen ist Mitte des Jahres 2017 abgeschlossen. Schon jetzt sind die Erfahrungen aus den rund zehn Pilotregionen in vier Landeskirchen durchaus ermutigend.

In der überwiegenden Mehrzahl der beteiligten Gemeinden gab es sowohl eine interne Motivationsbewegung für schöne Gottesdienste und persönliche Einladungen als auch beachtliche Teilnehmerzahlen von Eingeladenen. Offensichtlich sind viele Menschen bereit, sich zum Gottesdienst mitnehmen zu lassen, wenn sie angesprochen, begleitet und gastfreundlich empfangen werden. Es ist in über 90 Prozent der Gemeinden gelungen, dass Menschen sich in den Gottesdienst haben einladen lassen, die sonst nicht gekommen wären.

Die große Mehrheit der Gemeinden bewertet das Projekt als gelungen: Sowohl die innergemeindliche Motivation wie auch die externe Reichweite haben die Hoffnungen erfüllt. Die meisten Regionen haben ein Anschlussprojekt innerhalb der nächsten zwei Jahre angedacht oder bereits abgesprochen (Stand März 2017).

Wir hoffen, dass die provokanten Ausführungen und Fragen von Michael Harvey in diesem Buch dazu beitragen, den Kern des Projekts besser zu verstehen und viele Gemeinden dazu motivieren, sich dem Projekt anzuschließen, indem Menschen sagen: Ich glaub, ich lad ein!

Hans-Hermann Pompe, EKD-Zentrum für Mission in der Region Dortmund (www.zmir.de)

Michael Wolf, Amt für Gemeindedienst der Ev.-luth. Kirche in Bayern, Nürnberg (www.afg-elkb.de)